DISCLAIMER

The author and publisher are providing this book and its contents on an "as is" basis and make no representations or warranties of any kind with respect to this book or its contents. The author and publisher disclaim all such representations and warranties, including but not limited to warranties of merchantability. In addition, the author and publisher do not represent or warrant that the information accessible via this book is accurate, complete, or current.

Except as specifically stated in this book, neither the author nor publisher, nor any authors, contributors, or other representatives will be liable for damages arising out of or in connection with the use of this book. This is a comprehensive limitation of liability that applies to all damages of any kind, including (without limitation) compensatory; direct, indirect, or consequential damages; loss of data, income, or profit; loss of or damage to property; and claims of third parties.

Copyright © 2022 LINGUAS CLASSICS

BESTACTIVITYBOOKS.COM

All rights reserved. No part of this book may be reproduced or used in any manner without the written permission of the copyright owner except for the use of quotations in a book review.

FIRST EDITION - Published 2022

Extra Graphic Material From: www.freepik.com
Thanks to: Alekksall, Starline, Pch.vector, Rawpixel.com, Vectorpocket, Dgim-studio, Upklyak, Macrovector, Stockgiu, Pikisuperstar & Freepik.com Designers

This Book Comes With Free Bonus Puzzles
Available Here:

BestActivityBooks.com/WSBONUS20

5 TIPS TO START!

1) HOW TO SOLVE

The Puzzles are in a Classic Format:

- Words are hidden without breaks (no spaces, dashes, ...)
- Orientation: Forward & Backward, Up & Down or in Diagonal (can be in both directions)
- Words can overlap or cross each other

2) ACTIVE LEARNING

To encourage learning actively, a space is provided next to each word to write down the translation. The **DICTIONARY** allows you to verify and expand your knowledge. You can look up and write down each translation, find the words in the Puzzle then add them to your vocabulary!

3) TAG YOUR WORDS

Have you tried using a tag system? For example, you could mark the words which have been difficult to find with a cross, the ones you loved with a star, new words with a triangle, rare words with a diamond and so on...

4) ORGANIZE YOUR LEARNING

We also offer a convenient **NOTEBOOK** at the end of this edition. Whether on vacation, travelling or at home, you can easily organize your new knowledge without needing a second notebook!

5) FINISHED?

Go to the bonus section: **MONSTER CHALLENGE** to find a free game offered at the end of this edition!

Want more fun and learning activities? It's **Fast and Simple!**
An entire Game Book Collection just **one click away!**

Find your next challenge at:

BestActivityBooks.com/MyNextWordSearch

Ready, Set... Go!

Did you know there are around 7,000 different languages in the world? Words are precious.

We love languages and have been working hard to make the highest quality books for you. Our ingredients?

A selection of indispensable learning themes, three big slices of fun, then we add a spoonful of difficult words and a pinch of rare ones. We serve them up with care and a maximum of delight so you can solve the best word games and have fun learning!

Your feedback is essential. You can be an active participant in the success of this book by leaving us a review. Tell us what you liked most in this edition!

Here is a short link which will take you to your order page.

BestBooksActivity.com/Review50

Thanks for your help and enjoy the Game!

Linguas Classics Team

1 - Food #1

ف	ك	ك	ذ	ذ	ع	س	ك	ح	ذ	ع	ف	س	ض
ف	ز	ج	ط	ي	ت	ب	م	ل	ص	ب	ز	إ	و
إ	ل	ر	ح	د	ز	ا	ث	ي	ئ	ز	د	ذ	ط
إ	ت	ى	ظ	ع	ى	ن	ر	ب	ذ	آ	و	ع	ح
ش	د	س	ظ	ط	ص	خ	ى	ج	ى	م	خ	ذ	م
ع	ق	ل	ا	ط	ك	ك	م	ق	إ	غ	ق	ز	ق
ي	ز	ط	ل	ط	إ	ب	ن	ا	ح	ي	ر	ي	ر
ر	ح	ة	س	ؤ	ع	م	ح	ف	ف	و	ف	و	ت
ذ	س	ز	ك	س	ط	غ	ك	ر	م	ي	ة	خ	ف
ف	ا	إ	ر	ز	ج	ث	ا	ل	ش	ص	ص	ف	ظ
ك	ء	ج	ظ	ر	ن	و	ي	ف	م	ئ	ح	ن	ى
ح	ظ	ا	ق	ح	ل	م	ج	ت	ش	ت	م	ي	ش
ط	ك	ل	ز	ة	و	ش	ط	ج	ر	د	ط	ت	غ
ق	ع	د	ة	ن	و	ت	ى	ف	ف	ؤ	ن	ت	ئ

مشمش
شعير
ريحان
جزر
قرفة
ثوم
عصير
ليمون
حليب
بصل

كمثرى
سلطة
ملح
حساء
سبانخ
فراولة
السكر
توفو
تونة
لفت

2 - Castles

ل	ع	إ	ئ	ؤ	ا	ة	إ	س	ئ	س	ق	ر	ح
ج	د	ي	ل	ز	ل	ف	ش	ك	آ	س	ى	ص	ع
م	ش	و	د	خ	ن	د	ق	ت	ح	ل	ج	ك	ر
غ	ل	غ	د	ل	ب	ز	ض	ب	آ	ا	م	ب	ى
إ	ق	ط	ا	ع	ي	أ	ا	ع	ت	ل	آ	د	خ
س	ي	ف	ا	و	ل	م	ض	ن	ف	ة	آ	ر	ح
ا	ل	م	ن	ج	ن	ي	ق	ذ	ة	و	ف	ئ	ح
ظ	ا	ا	ح	د	ب	ر	ذ	م	ث	ش	ا	و	ز
خ	ل	ح	ل	ئ	ل	ث	إ	ى	ص	ص	ر	أ	ز
ب	م	س	ص	ر	س	د	ص	د	ر	ع	س	م	ع
إ	م	ب	ر	ا	ط	و	ر	ي	ة	ف	ى	ي	ظ
ث	ل	ر	ع	ت	ن	ي	ن	ح	ا	ئ	ط	ر	ك
ج	ك	ج	ض	ا	ظ	ط	ر	ذ	ظ	ت	ق	ة	س
ث	ة	س	ك	ج	ك	ة	ع	ق	ؤ	ي	ل	ا	ف

درع
المنجنيق
تاج
تنين
زنزانة
سلالة
إمبراطورية
إقطاعي
حصان
المملكة

فارس
خندق
النبيل
قصر
أمير
أميرة
سيف
برج
حائط

3 - Exploration

ى	غ	ف	ض	ا	ء	ب	ى	ض	ؤ	ن	ب	آ	ة
ب	ر	ي	ل	ل	خ	ع	ض	إ	س	ز	ش	ة	ل
ع	ى	ح	ص	إ	ن	ي	ش	ف	ة	ف	ز	ا	ظ
ا	إ	ج	ص	ث	ذ	د	م	ط	ذ	س	ئ	ل	ط
ن	ل	ت	ق	ا	ل	ث	ق	ا	ف	ا	ت	ح	آ
ي	ؤ	ت	ض	ر	ن	غ	و	غ	ب	ا	ل	ي	ب
خ	ك	ل	ض	ة	ط	و	ة	ي	ا	ذ	ي	و	د
ط	س	غ	ش	ا	ل	س	ف	ر	ل	ئ	ت	ا	آ
ظ	ض	س	ث	ط	ر	ش	ط	م	ج	ص	ع	ن	ذ
ا	ك	ت	ش	ا	ف	ي	ب	ع	د	خ	ل	ا	ت
ا	ل	م	خ	ا	ط	ر	س	ر	ي	ش	م	ت	ت
ش	ج	ا	ع	ة	ة	ت	ش	و	د	ع	ز	م	و
ش	خ	ل	ئ	ي	ت	غ	ب	ف	ح	ف	ق	م	ح
ا	غ	ى	ل	آ	ح	خ	ع	ع	ى	خ	ق	آ	ت

نشاط
الحيوانات
شجاعة
الثقافات
عزم
اكتشاف
بعيد
الإثارة
نزف

المخاطر
لغة
الجديد
فضاء
التضاريس
ليتعلم
السفر
غير معروف
بري

4 - Measurements

غ	خ	ت	ي	ج	س	ط	ك	ي	ل	و	م	ت	ر
د	ر	ج	ة	م	ن	ث	ر	إ	ز	ت	ت	س	ب
ئ	ل	ا	ا	ر	ت	ف	ا	ع	ع	ش	ر	ي	و
م	د	س	م	ا	ي	ص	ص	م	و	ز	ن	م	ص
أ	و	ق	ي	ة	م	ط	غ	ق	ل	ئ	و	ز	ة
ز	ض	ب	ي	ش	ت	ا	ل	ط	و	ل	ز	ك	ل
ف	ك	ة	س	ق	ر	ل	إ	ن	ظ	ف	ب	ع	ز
ؤ	د	ن	ر	ج	ة	ص	خ	س	ف	ف	د	ر	إ
و	ر	و	ك	ث	ر	و	ك	د	ث	ح	ز	ض	ح
ب	ا	ي	ت	و	ج	ت	خ	ص	ؤ	ب	ن	خ	ع
ت	ة	ث	ل	ك	ي	ل	و	غ	ر	ا	م	ض	ث
ئ	ز	ع	ة	ط	ر	ف	ئ	ذ	ب	غ	ظ	ظ	ؤ
ت	ر	ق	د	ز	ن	د	ؤ	ف	ي	ز	ح	ظ	ف
ت	إ	ذ	ش	ك	ذ	ى	و	ف	إ	ئ	ى	ى	ب

الطول
لتر
كتلة
متر
دقيقة
أوقية
طن
الصوت
وزن
عرض

بايت
سنتيمتر
عشري
درجة
عمق
غرام
ارتفاع
بوصة
كيلوغرام
كيلومتر

5 - Farm #2

ح	آ	ا	ح	ق	د	ل	آ	إ	ح	ش	غ	ض	ل
ج	س	ت	ل	م	ز	ا	ر	ع	ب	خ	ع	ر	د
ظ	ر	ة	ي	ح	ف	ذ	ة	ذ	و	ر	ز	ي	ش
ث	إ	ا	ب	س	ت	ا	ن	ظ	ب	و	آ	غ	ر
ف	ظ	ف	ر	ا	ل	ر	ي	ح	ذ	ف	ز	ح	ا
ا	ل	ح	ي	و	ا	ن	ا	ت	ر	م	ر	ج	ل
ا	ل	ر	ا	ع	ي	ا	ب	م	ة	ج	و	غ	خ
ف	ض	د	ف	ظ	ش	ض	ط	ع	ا	م	ب	ذ	ض
إ	ا	آ	ل	س	ذ	ج	ة	ص	ا	خ	ص	ذ	ر
ذ	ل	ك	ل	ت	ت	ع	ر	ف	ة	ؤ	ب	ى	و
ز	ذ	ت	ه	ئ	م	إ	ق	ل	ح	ظ	م	ص	ا
ش	ن	آ	ب	ة	ة	ي	س	د	ي	ي	ث	ب	ت
ح	ظ	ي	ر	ة	ص	ق	ك	ك	ل	ا	ى	ز	ز
ط	ا	ح	و	ن	ة	ه	و	ا	ئ	ي	ة	ن	ؤ

الحيوانات
شعير
حظيرة
حبوب ذرة
بطة
مزارع
طعام
فاكهة
الري
لهب

مرج
حليب
بستان
ناضج
خروف
الراعي
جرار
الخضروات
قمح
طاحونة هوائية

6 - Books

ق	م	ح	ق	ش	ئ	ا	م	ق	ط	ق	م	ؤ	ب
ا	ج	آ	ع	ص	ب	و	ل	د	ك	ص	ؤ	م	ذ
ر	م	ا	ظ	ش	ي	م	ص	ر	ي	ة	ل	ل	ا
ئ	و	ش	ع	ر	د	د	ب	ب	ا	ر	ف	ح	ت
خ	ع	م	غ	ا	م	ر	ة	د	ى	و	د	م	ا
ج	ة	ت	آ	ق	ذ	ك	ث	ث	ع	ح	ي	ة	ل
س	ي	ا	ق	ا	ل	ك	ل	ا	م	ا	ض	خ	ص
ة	خ	ر	أ	د	ب	ي	ص	س	أ	ل	ع	ظ	ل
خ	آ	ي	ا	ج	ز	ف	ف	ث	س	د	ا	إ	ة
خ	ض	خ	غ	ا	م	ك	ح	خ	ا	ع	ؤ	م	خ
ش	ز	ي	ك	ص	ك	ج	ة	ش	و	ا	ش	ط	ئ
ر	و	ا	ي	ة	ت	ج	س	ض	ي	ب	ر	ب	ل
ا	ل	ا	ز	د	و	ا	ج	ي	ة	ة	ت	ز	ز
ر	ض	إ	ج	ة	ب	ة	ش	ز	ظ	ض	ذ	ل	ج

الراوي
رواية
صفحة
قصيدة
شعر
قارئ
ذات الصلة
قصة
مأساوي
مكتوب

مغامرة
مؤلف
مجموعة
سياق الكلام
الازدواجية
ملحمة
تاريخي
روح الدعابة
مبدع
أدبي

7 - Meditation

ا	د	ب	ط	ق	ب	ى	م	ع	ف	ص	ع	ق	ل
ل	ض	ش	ئ	ب	ا	ل	ع	ا	د	ا	ت	ط	أ
ل	ح	ه	د	و	ء	ع	ش	ك	ر	خ	ح	ب	ف
ط	ف	م	ب	ل	ا	ل	م	ن	ظ	و	ر	ي	ك
ف	د	ظ	ح	ش	ى	ع	ق	ل	ي	ج	ا	ع	ا
ط	ع	غ	ظ	ك	إ	ظ	ج	خ	إ	ث	ل	ة	ر
ل	ي	ت	ع	ل	م	خ	و	ت	ي	و	ع	خ	ي
ب	ض	ى	ل	ش	ر	د	ذ	ض	ة	ر	و	ر	س
ا	ل	ت	ن	ف	س	ى	ئ	م	و	ت	ا	ع	ل
ط	ل	م	س	ت	ي	ق	ظ	و	ظ	ح	ط	ض	ا
و	ض	ص	ق	ظ	إ	خ	ن	س	ي	ر	ف	ة	م
ل	خ	خ	م	ش	آ	ل	ج	ي	ئ	ك	خ	ن	ق
ا	ي	م	ط	ت	إ	ع	ك	ق	ئ	ة	ق	ذ	ف
ش	ز	ح	ى	ل	ذ	ج	آ	ى	ؤ	ف	ض	ئ	ت

قبول
مستيقظ
التنفس
هدوء
وضوح
عطف
العواطف
شكر
العادات
اللطف

عقلي
عقل
حركة
موسيقى
طبيعة
سلام
المنظور
الصمت
أفكار
ليتعلم

8 - Days and Months

ج	أ	أ	أ	س	ب	و	ع	ا	ن	ا	ش	ه	ر
ى	ب	ض	غ	د	ة	ى	ا	ل	و	ل	ت	ب	آ
ي	ر	ل	ذ	س	م	آ	ل	خ	ف	ا	و	ك	ث
و	ي	ص	ق	ع	ط	ذ	أ	م	م	ث	ل	ط	ث
ى	ل	ذ	ف	د	ط	س	ر	ي	ب	ن	س	م	إ
م	ث	و	ب	إ	ب	ي	ب	س	ر	ي	ب	ب	ع
ي	ز	ة	ر	د	غ	و	ع	ظ	ف	ن	ت	ئ	ف
ن	ل	ب	ا	ل	ث	ل	ا	ث	ا	ء	م	س	ذ
ا	ع	ئ	ي	ل	ف	ي	ء	ا	ز	ت	ب	ن	ب
ي	إ	غ	ر	ئ	ج	و	ة	ة	ل	م	ر	ة	و
ر	د	ت	ق	و	ي	م	ا	ر	س	س	ئ	ف	ا
أ	ك	ت	و	ب	ر	إ	ع	ب	ش	ش	ب	آ	ز
ا	ل	أ	ح	د	ق	ث	آ	ة	ظ	ض	ن	ت	ح
ع	و	خ	غ	ك	د	ة	آ	ج	ش	ى	إ	ض	آ

أبريل
أغسطس
تقويم
فبراير
الجمعة
يناير
يوليو
مارس
الاثنين
شهر

نوفمبر
أكتوبر
السبت
سبتمبر
الأحد
الخميس
الثلاثاء
الأربعاء
أسبوع
سنة

9 - Chess

ص	أ	ظ	ح	ا	ق	م	ن	ا	ف	س	ة	ؤ	أ
إ	ث	س	خ	ف	ف	و	ل	ي	ت	ع	ل	م	ب
م	م	ن	و	ق	ن	ذ	ا	ئ	د	ؤ	إ	س	ي
ا	ل	م	و	د	إ	خ	ل	ع	ب	ه	ع	ا	ض
ل	ك	ظ	ث	غ	ر	ط	و	ؤ	د	إ	ل	ب	ؤ
ن	ج	ر	ل	ل	ق	ي	ق	ي	ن	س	ص	ق	ف
ق	ى	إ	ت	ب	ط	ل	ت	ن	ذ	ت	د	ة	إ
ا	ت	ر	ذ	ز	ر	ش	غ	ق	ل	ر	ص	ك	ئ
ط	ذ	خ	ك	آ	ي	م	د	ش	س	ا	آ	ق	ف
ت	ض	ح	ي	ة	ن	غ	ص	ع	ز	ت	ع	ذ	د
آ	و	ى	ش	ع	ط	ح	ئ	ز	ج	ي	ك	ب	ف
ط	ل	آ	م	ب	ن	ي	ل	ل	م	ج	ه	و	ل
ا	ل	ت	ح	د	ي	ا	ت	ؤ	ب	ي	ق	ن	ش
ا	ل	خ	ص	م	ل	ك	ة	ي	ؤ	ة	آ	ص	خ

أسود	لاعب
التحديات	النقاط
بطل	ملكة
ذكي	قواعد
منافسة	تضحية
قطري	إستراتيجية
لعبه	الوقت
ملك	ليتعلم
الخصم	مسابقة
مبني للمجهول	أبيض

10 - Food #2

ئ	د	س	ر	ك	س	ؤ	آ	ب	ع	ك	ي	و	ي
ب	ق	م	ح	ا	ش	ي	و	ر	خ	ر	ش	و	ف
ت	ع	ك	و	ع	ز	ي	ث	و	ا	ف	إ	ر	ة
ث	ن	خ	آ	ف	ط	ر	د	ك	خ	س	و	ش	ت
د	ق	ز	س	غ	م	ج	ج	ل	ت	خ	ص	ج	ف
ب	ا	ذ	ن	ج	ا	ن	ا	ي	ف	ب	ف	ب	خ
ع	ت	ف	ح	م	ط	ى	ج	ك	ا	م	ش	س	ث
ط	ن	ذ	غ	د	م	و	ن	ق	ح	آ	ش	ظ	ئ
م	ظ	ب	ا	آ	ج	ب	ن	ث	ا	ئ	ط	ؤ	ح
ط	ن	غ	ض	ظ	ة	آ	و	ب	ك	إ	ص	ظ	ص
ق	ل	ح	م	ا	ل	خ	ن	ز	ي	ر	ك	ر	ز
إ	ش	ج	ؤ	و	ج	أ	ر	ز	ظ	ض	ة	م	ج
ص	إ	ر	ف	ز	ز	ب	ا	د	ي	خ	ة	ص	س
ش	و	ك	و	ل	ا	ت	ة	إ	ج	س	ى	ذ	ن

باذنجان
سمك
عنب
لحم الخنزير
كيوي
فطر
أرز
طماطم
قمح
زبادي

تفاح
خرشوف
موز
بروكلي
كرفس
جبن
كرز
دجاج
شوكولاتة
بيضة

11 - Family

ا	ب	ن	ة	ب	ت	ذ	ح	ح	ل	ظ	م	ت	م
ل	ز	ك	ر	غ	ن	م	ح	ف	أ	ا	غ	ش	ر
أ	و	ظ	ض	إ	م	ف	ب	ي	ك	خ	ر	ذ	ح
ط	ج	ش	ع	م	ة	ص	ظ	د	ر	ا	ت	ك	ل
ف	ة	ق	ج	د	ة	ق	ا	ل	ز	و	ج	د	ة
ا	ض	ي	أ	ى	ر	ر	ل	ي	ن	ط	س	ر	ا
ل	ا	ق	م	ذ	ح	ز	ع	ظ	ط	ف	ل	ج	ل
ن	ل	ب	ا	ل	أ	ب	م	خ	إ	ة	ف	ض	ط
ى	أ	ف	ن	ب	ش	ي	ش	ف	ع	م	ى	ك	ف
د	م	ل	ئ	أ	ن	ص	ض	ز	ت	م	آ	غ	و
د	ش	ؤ	د	ت	خ	ع	ظ	ن	غ	ث	أ	ب	ل
ر	ة	ك	ز	س	ا	م	م	ح	غ	آ	ط	ؤ	ة
ى	ن	ع	إ	د	ب	ث	ش	ص	ض	إ	ى	إ	ر
آ	س	ع	ش	خ	ف	ظ	ر	ب	ظ	إ	ش	ز	ح

سلف
عمة
شقيق
طفل
مرحلة الطفولة
الأطفال
ابن عم
ابنة
أب
جد

جدة
حفيد
الزوج
الأم
أم
ابن أخ
الأب
أخت
العم
زوجة

12 - Farm #1

آ	ئ	ب	ذ	ض	ص	ج	ا	ج	د	ز	ك	ت	ج
ح	ت	ظ	خ	ة	خ	ئ	ئ	ز	ر	أ	ج	م	ؤ
ك	ظ	م	ل	ئ	ش	ذ	ر	ا	م	ح	ؤ	ا	ا
ف	ء	ا	م	ل	ج	ع	ع	ز	ف	خ	آ	ط	ح
غ	ق	ر	ح	خ	ق	ة	س	د	ؤ	آ	إ	ت	ت
ف	غ	ا	إ	ف	ط	ى	ل	ض	ن	آ	ن	ب	ت
ت	ر	ل	د	ق	ث	ح	د	ت	ر	ئ	ل	ق	و
ر	ا	ث	ي	ئ	ش	ك	ح	ظ	د	ع	ئ	ر	س
غ	ب	و	ص	ة	ب	ل	ج	ا	ي	س	ف	ة	م
ة	ظ	ر	ش	ؤ	ح	ب	و	ظ	ز	ة	ل	ا	ا
ش	آ	ب	د	ة	ل	ح	ن	ن	ئ	ع	ع	إ	د
ك	ا	ز	ث	غ	ق	ص	ا	ي	ث	ز	ة	م	غ
ا	ث	ؤ	ج	ل	ل	ا	غ	ش	ن	ر	و	ذ	ب
ؤ	ئ	ئ	ف	ذ	آ	ن	ض	غ	ج	ل	ت	ذ	آ

سياج
سماد
حقل
ماعز
تبن
عسل
حصان
أرز
بذور
ماء

زراعة
نحلة
الثور
عجل
قط
دجاج
بقرة
غراب
كلب
حمار

13 - Camping

ا	ب	ص	و	ص	إ	ى	ض	ب	ة	ا	ق	ا	س
ل	ح	ذ	ج	ي	و	ص	ب	ى	ل	ة	ر	ش	ح
أ	ي	ب	خ	ق	ن	ث	ك	م	أ	ل	ت	إ	ب
ش	ر	و	ي	ب	س	ب	ق	ر	و	ز	ل	ا	ل
ج	ة	ص	م	ع	آ	ص	ج	ح	إ	ب	ز	ي	ت
ا	آ	ل	ة	ة	و	و	ب	خ	خ	ك	آ	ق	ح
ر	ط	ة	ع	ر	ح	ا	ل	ص	ث	م	ج	ط	ض
ق	ب	ي	ة	ة	ت	ا	ن	ا	و	ي	ح	ل	ا
د	ي	ص	ل	ا	د	إ	ا	ئ	آ	ئ	ق	ر	غ
ئ	ع	ث	غ	ذ	ئ	ط	ر	ن	ر	م	ز	ى	ا
ش	ة	ط	د	ة	ط	ي	ر	خ	ر	ي	ة	د	ب
ن	ف	ب	ن	ش	ؤ	ك	ة	ر	م	ا	غ	م	ة
ذ	ف	ى	إ	ص	م	ى	ض	ض	ذ	إ	آ	ك	ب
ي	ح	ف	ئ	ح	ص	آ	ط	ر	ش	ح	ت	ض	خ

الصيد
حشرة
بحيرة
خريطة
قمر
جبل
طبيعة
حبل
خيمة
الأشجار

مغامرة
الحيوانات
المقصورة
الزورق
بوصلة
نار
غابة
مرح
أرجوحة
قبعة

14 - Conservation

م	ب	ي	د	ا	ل	آ	ف	ا	ت	إ	ل	ب	ذ
س	ل	ن	ت	ع	ل	ي	م	ؤ	ؤ	ع	ض	و	ي
ا	ل	ب	ي	ئ	ة	ص	غ	ص	ر	ا	ق	ك	ث
ق	ل	ق	م	ب	ق	م	ح	ذ	م	د	و	ر	ة
ش	خ	ن	ة	ا	ش	ن	خ	ة	س	ة	م	ط	ط
ع	ض	خ	ظ	ق	ء	ا	ف	ب	ت	ا	ت	ر	ب
و	ن	ة	ل	ا	أ	خ	ض	ر	د	ل	ط	ج	ي
ي	ث	ح	ح	ل	م	ر	ى	إ	ا	ت	و	ر	ع
ا	ل	م	و	ئ	ل	ا	ض	ط	م	د	ع	خ	ي
ك	ص	ق	ح	ث	آ	ا	ل	ت	ل	و	ث	ت	ى
ت	ظ	ي	ش	ظ	ل	ظ	ق	ب	ق	ي	خ	غ	ث
ا	غ	ل	ى	ا	ل	ت	غ	ي	ي	ر	ا	ت	ز
ا	م	و	ا	د	ك	ي	م	ي	ا	ئ	ي	ة	د
غ	خ	ج	غ	ز	د	غ	و	ى	ي	ش	ي	ؤ	ش

الصحة
طبيعي
عضوي
مبيد الآفات
التلوث
إعادة التدوير
خفض
مستدام
متطوع
ماء

التغييرات
مواد كيميائية
مناخ
قلق
دورة
النظام البيئي
تعليم
البيئة
أخضر
الموئل

15 - Cats

ؤ	ة	خ	ف	ي	ش	ط	ة	ث	ج	ذ	ع	ح	ض
ش	ب	ف	أ	م	خ	ل	ب	م	ج	ح	ة	ز	ز
و	ر	ف	ر	و	ص	ت	ر	ض	ف	ذ	ن	ق	د
ف	و	ق	ف	د	ي	ت	ي	ا	ج	ن	ت	ى	ع
م	ض	ح	ك	ط	ة	آ	ض	ع	ح	ف	غ	س	ط
ح	غ	ز	ل	ر	خ	ت	ف	خ	ز	ل	ن	ف	ح
ن	ث	ض	ث	م	ج	ن	و	ن	ل	ل	ع	ض	ز
و	و	ق	ل	ي	ل	ا	ج	ص	ذ	ت	ت	و	ت
ن	ى	م	س	ت	ق	ل	ص	ل	د	ف	ج	ل	ب
ب	س	ر	ع	ة	ك	ق	ي	ز	ل	خ	إ	ي	د
ح	ظ	ر	إ	د	ز	ى	ا	ف	ظ	ش	ج	ر	ي
ذ	ف	خ	م	ؤ	ج	خ	د	ط	ب	خ	ك	و	ح
ي	ط	ش	غ	ض	ب	ة	ث	ذ	ش	ظ	ر	د	ل
ل	ص	آ	ح	م	خ	ذ	ث	ز	ط	ة	ت	خ	ط

حنون
مجنون
فضولي
بسرعة
مضحك
فرو
صياد
مستقل
قليلا

فأر
مخلب
شخصية
لعوب
خجول
نوم
ذيل
بري
غزل

16 - Numbers

خ	و	م	ط	أ	ة	ؤ	ت	ح	خ	ا	ي	س	ع
ش	خ	ش	إ	ر	س	ؤ	ت	ش	ل	ح	ا	ب	ي
ص	غ	ط	ج	ب	ت	غ	ث	أ	ر	ب	ع	ة	ث
س	ع	ت	س	ع	ة	ع	ش	ر	ا	ث	ش	ث	م
ت	ب	ث	ئ	ة	ع	ك	ن	ة	ث	م	ر	ل	ا
ة	ث	ع	ذ	ع	ش	ق	و	ى	ن	ا	و	ا	ن
ى	غ	ل	ة	ش	ر	ؤ	ا	خ	ا	ن	ن	ث	ي
إ	ا	ئ	ا	ر	ع	آ	ح	م	ع	ي	ا	ة	ة
ت	س	ع	ة	ث	ط	ش	د	س	ش	ة	ث	إ	ع
ح	خ	ع	ش	ر	ة	ش	ر	ة	ر	ص	ن	ي	ش
ؤ	ث	ب	و	إ	ي	ع	ط	ي	ش	ة	ا	د	ر
خ	م	س	ة	ع	ش	ر	ش	ز	و	و	ن	ث	ك
س	ب	ع	ة	ع	ش	ر	خ	ر	ص	خ	ر	خ	ا
ة	ك	ت	س	ص	د	ب	خ	ر	س	ذ	ت	ة	آ

سبعة
سبعة عشر
ستة
ستة عشر
عشرة
ثلاثة عشر
ثلاثة
اثنا عشر
عشرون
اثنان

عشري
ثمانية
ثمانية عشر
خمسة عشر
خمسة
أربعة
أربعة عشر
تسعة
تسعة عشر
واحد

17 - Spices

ز	ط	م	ا	ث	غ	إ	ع	ة	ي	ا	ز	ذ	ظ
ن	ك	ه	ة	ل	و	ي	و	ش	ة	ل	ع	خ	د
ج	آ	ج	إ	ت	ش	م	ر	ئ	ح	ق	ف	خ	ف
ب	ي	ج	ح	ع	ك	م	و	ن	ب	ر	ر	ق	و
ي	ج	ا	ض	آ	ز	ل	ر	ي	ف	ن	ا	ر	ش
ل	و	ل	ا	ظ	ب	ح	آ	ة	ل	ف	ن	ف	ض
ب	ز	ي	ل	ؤ	ر	ب	ؤ	إ	ف	ل	ؤ	ة	ك
ض	ة	ا	ح	ة	ة	ا	د	و	ل	ب	ص	ل	ر
ح	ا	ن	ل	ق	ص	ل	س	غ	أ	ص	ف	ل	ت
إ	ل	س	ب	آ	س	ه	ي	ي	ح	ش	ة	ط	ن
ز	ط	و	ة	د	ن	ا	ئ	م	م	ك	ا	ر	ي
ب	ي	ن	ر	ظ	ط	ل	م	إ	ر	ث	ل	و	ج
ا	ب	ى	خ	خ	ف	ا	ن	ي	ل	ا	خ	خ	س
ظ	ئ	ئ	ن	إ	ا	ب	ة	ض	ي	ق	ث	ر	ن

اليانسون
مر
حب الهال
قرفة
القرنفل
كزبرة
كمون
كاري
الشمرة
الحلبة

نكهة
ثوم
زنجبيل
جوزة الطيب
بصل
فلفل أحمر
زعفران
ملح
حلو
فانيلا

18 - Mammals

ب	ا	ع	ئ	ؤ	ث	ث	ة	ذ	غ	ض	ش	ط	ؤ
ا	ل	ع	ش	ط	د	ف	ش	ئ	ك	ئ	ؤ	ذ	ا
خ	ف	و	ك	س	و	م	ن	ب	ى	ا	ل	ط	ط
ز	ي	ت	ح	م	ل	ح	م	ا	ر	و	ح	ش	ي
ر	ل	ع	ز	ض	ف	ط	ي	ل	س	ؤ	آ	ف	ر
ا	ظ	ج	ا	غ	ي	ر	ظ	ب	ظ	ذ	ز	د	ج
ف	ج	ا	ى	ؤ	ن	د	ع	ر	ع	ث	ض	ع	أ
ة	ر	ئ	آ	ع	ع	م	د	ا	ض	ة	ث	و	ر
س	أ	س	د	خ	ر	و	ف	ر	س	ح	ص	ا	ن
ط	م	ق	ط	ز	ح	ظ	ش	ي	ن	س	ض	ط	ب
ا	ذ	و	ل	ح	و	ت	ش	و	ق	ث	خ	ض	ف
ج	إ	ئ	ر	ك	ن	غ	ر	ك	ق	ر	د	م	ت
ق	ث	ك	ب	آ	غ	و	ر	ي	ل	ا	ط	ت	ث
غ	ق	إ	و	ى	ب	ص	ئ	ا	ئ	ب	د	ا	ج

غوريلا
حصان
كنغر
أسد
قرد
أرنب
خروف
حوت
ذئب
حمار وحشي

يتحمل
سمور
ثور
قط
ذئب البراري
كلب
دولفين
الفيل
فوكس
زرافة

19 - Fishing

ب	خ	ب	ت	و	م	خ	ط	ر	ب	م	ك	ص	إ
ف	ح	ت	ج	و	ع	ي	ا	ع	ق	ا	ر	ب	ص
خ	ئ	ي	ض	ب	د	ا	آ	ل	م	ء	ب	ر	ة
ق	ن	ك	ر	س	ا	ش	و	ص	م	ص	ة	و	ح
ت	س	ل	ك	ة	ت	ي	ظ	ك	ب	و	ا	ق	ض
ش	ذ	ب	ذ	ل	ص	م	و	ئ	ا	غ	س	ج	ت
خ	ى	د	ف	ق	م	س	ج	آ	ل	ت	ا	م	ة
ى	آ	ت	ظ	ز	ح	آ	ن	ؤ	غ	ت	ح	ذ	ظ
ؤ	ث	ر	ؤ	ف	ي	آ	ر	ذ	ة	ث	إ	ف	ز
و	خ	ا	ش	ا	ط	ئ	س	ج	ر	ث	ت	ز	ذ
ق	ذ	ة	و	ق	ي	ج	ل	ج	ض	ب	ؤ	ق	ا
و	د	ش	غ	ق	ن	ئ	ة	و	ف	ؤ	ش	و	ض
ز	خ	ط	ا	ف	ا	ظ	ل	ز	ع	ا	ن	ف	ق
ف	م	س	ط	ق	ش	ئ	خ	ن	ه	ر	ظ	ك	ذ

طعم
سلة
شاطئ
قارب
معدات
مبالغة
زعانف
خياشيم
خطاف

فك
بحيرة
محيط
صبر
نهر
الموسم
ماء
وزن
سلك

20 - Restaurant #1

و	ف	إ	ظ	ز	ح	ع	ن	ؤ	ج	ل	ز	ت	ب
غ	ش	ص	ل	و	م	س	ث	ى	آ	ط	ح	ع	ط
ي	ق	غ	ك	ل	ظ	ق	ا	ئ	م	ة	ج	ط	ش
ق	ش	ز	م	ن	د	ي	ل	س	ع	ى	ز	ا	ب
ه	ض	ي	غ	ئ	ظ	ؤ	ئ	ذ	ي	ث	ب	إ	ط
و	ى	ح	ذ	د	ت	غ	خ	ح	ؤ	ة	ش	خ	ح
ة	ف	ر	ص	ج	خ	ا	ع	ص	س	ص	ن	م	ا
ح	ل	ت	ن	ا	و	ل	ا	ل	ط	ع	ا	م	ة
و	ف	م	ي	ج	ذ	م	ح	ح	ق	ب	د	ط	ا
ع	س	ك	ي	ن	ة	ط	ك	ل	م	إ	ل	ع	ئ
ا	ص	ر	ا	ف	ط	ب	ق	و	ف	ل	ة	ا	إ
ء	ل	ع	ر	ة	ف	خ	ك	ى	ن	ج	ح	م	ض
ق	ص	ح	خ	ب	ز	د	و	غ	ح	ا	ر	م	م
ر	ة	ط	د	ظ	إ	ن	ت	ث	د	آ	ت	ب	ص

سكين
لحم
قائمة
منديل
طبق
حجز
صلصة
حار
لتناول الطعام
نادلة

حساسية
وعاء
خبز
صراف
دجاج
قهوة
حلوى
طعام
مكونات
مطبخ

21 - Bees

إ	ش	ظ	خ	ر	ض	ط	س	ا	ب	ح	ف	ك	ك
ي	ي	ق	م	ب	ر	ش	ل	و	ج	ي	ؤ	ض	ح
ل	ح	ؤ	خ	ظ	ح	م	ز	ل	ا	ك	ع	ع	ة
ع	ط	م	ل	ف	و	ع	ه	ا	ل	م	و	و	ز
د	ي	ف	م	ئ	ظ	د	ر	خ	ز	ل	ق	ش	ا
ن	ح	ت	ل	ط	ت	ف	ل	ن	ه	م	ا	ع	ط
ب	ش	ى	ت	ظ	ى	ث	ش	ع	و	ح	ك	إ	آ
ا	ر	إ	ل	ف	ص	ب	ر	س	ر	ا	ع	ك	ك
ت	ة	ة	ق	ي	د	ح	ك	ل	ع	ف	ة	ط	خ
ا	ض	خ	ت	ا	ح	ق	ل	م	ل	ا	ي	ت	خ
ت	خ	خ	ن	ا	خ	د	ل	ا	د	ك	خ	ل	ن
غ	ط	ر	ز	إ	ك	ك	ف	ج	س	ه	ي	ق	ش
ق	ب	ؤ	ض	ش	ة	ع	و	ن	ت	ة	إ	ا	م
ي	ئ	ي	ب	ل	ا	م	ا	ظ	ن	ل	ا	ح	س

مفيد
زهر
تنوع
النظام البيئي
الزهور
طعام
فاكهة
حديقة
الموئل
خلية

عسل
حشرة
نباتات
لقاح
الملقحات
ملكة
دخان
شمس
سرب
شمع

22 - Sports

ح	غ	ي	م	ة	ب	ر	د	م	ك	ة	ك	ر	ح
ك	و	ل	ب	ل	ن	غ	ظ	ر	د	ي	ث	ئ	ن
م	ع	ل	ي	ك	و	ه	ة	ا	ي	ض	ا	ي	ر
ب	ت	س	س	ط	د	ا	ي	ل	ي	ر	ك	ق	خ
ع	ى	ب	ب	ط	ل	ن	ي	ف	و	ى	م	م	ئ
ذ	ق	ا	و	س	ع	ة	ى	ا	و	إ	ز	ظ	غ
ي	س	ح	ل	ر	ب	ز	غ	ئ	ب	و	آ	س	ت
ئ	ؤ	ة	ا	د	ه	د	س	ز	ت	ج	ا	ج	د
ة	د	ج	ع	ؤ	ص	ن	ة	ل	و	ط	ب	ر	خ
آ	غ	ؤ	ب	س	ن	ت	ب	ر	ض	د	ا	ظ	ئ
ث	ر	ل	و	ق	ي	ر	ف	ل	و	ج	ع	ذ	و
ذ	م	ض	ي	خ	ص	ذ	ئ	آ	ة	د	ز	إ	س
ي	م	ج	ج	ة	ي	ن	د	ب	ة	ض	ا	ي	ر
خ	ظ	غ	ض	ي	ن	ف	ط	ؤ	ة	ظ	ر	إ	آ

هوكي
حركة
لاعب
حكم
ملعب
فريق
تنس
للسباحة
الفائز

رياضي
بيسبول
كرة السلة
دراجة
بطولة
مدرب
لعبه
جولف
رياضة بدنية

23 - Weather

س	ك	ف	ز	ؤ	ب	ث	ا	ط	خ	ئ	ه	ي	ا
آ	ك	ض	ا	ن	خ	ن	ل	ج	ص	د	ط	د	ل
ء	ا	م	س	ئ	ث	ر	غ	ب	و	إ	ة	ق	ر
د	ز	ي	ت	ت	إ	ي	ل	ء	ة	ف	ص	ا	ع
ر	م	ك	و	ص	ل	ح	ا	ع	ي	ط	ف	ؤ	د
ج	ن	ف	ا	ج	ئ	ن	ف	ض	ع	د	ة	آ	آ
ة	ا	إ	ئ	ح	ض	ث	ا	ج	ص	ق	ؤ	ؤ	ج
ا	خ	ب	ي	ث	ب	ن	ل	ل	غ	ط	م	ض	ي
ل	و	ا	ف	ف	ا	ف	ج	ي	ة	ب	ا	ح	س
ح	ر	ا	ص	ع	إ	ق	و	د	ز	ي	س	ن	و
ر	ب	ا	ب	ض	ل	ا	ي	م	ش	ي	ى	ؤ	ظ
ا	ظ	ف	ا	ف	ن	ذ	ي	ظ	ب	ق	ر	ا	ز
ر	إ	ؤ	ك	غ	ر	ج	ض	و	ر	ح	م	ا	ظ
ة	ث	و	إ	ح	ز	ق	س	و	ق	ر	ص	م	ى

الغلاف الجوي
نسيم
هدوء
مناخ
سحابة
جفاف
جاف
فيضان
الضباب
جليد

برق
قطبي
قوس قزح
سماء
عاصفة
درجة الحرارة
الرعد
إعصار
استوائي
ريح

24 - Adventure

آ	ث	ظ	ح	م	ن	ط	ة	ش	ص	ئ	ؤ	ص	ف
ؤ	ة	ص	ر	ف	ي	ص	ى	ز	ع	خ	و	ط	م
ب	ا	ح	ص	ا	ة	ل	إ	خ	و	ش	ؤ	س	آ
ن	ص	ة	ه	ج	و	ر	ظ	ط	ب	ؤ	ا	ف	إ
س	ا	م	ح	أ	ل	ح	ج	ي	ة	ر	ع	ت	ظ
ت	ن	ج	ذ	ة	ك	ص	ظ	ر	ا	ف	ؤ	ر	ل
ت	ا	ي	د	ح	ت	ل	ا	ل	ة	ع	ي	ب	ط
ا	د	ي	د	ج	ل	ا	ر	ث	ف	خ	ا	ح	ب
ل	ل	ا	م	ج	ت	ح	م	ط	ا	ش	ن	م	أ
م	د	م	ث	ح	ل	ر	ج	ق	ص	ض	ح	ق	س
ل	ي	آ	ض	ة	ح	ة	ع	ا	ج	ش	ر	ر	س
ا	ة	ي	ك	ي	د	ا	ع	ر	ي	غ	ا	ب	س
ح	ر	ف	ي	ض	ذ	س	خ	س	خ	ق	ف	ظ	ط
ة	ك	ة	إ	ظ	ض	خ	ة	ا	ج	ز	ش	ف	غ

اصحاب
مسار الرحلة
مرح
طبيعة
الملاحة
الجديد
تحضير
أمن
مفاجأة
غير عادي

نشاط
جمال
شجاعة
التحديات
فرصة
خطير
وجهة
صعوبة
حماس
انحراف

25 - Circus

خ	ي	م	ة	م	ح	ظ	ر	ر	ر	ظ	م	ؤ	ح
ن	ت	ه	ط	و	ر	ب	ب	ي	خ	ش	ش	ق	ك
ط	ش	ر	د	س	ق	ي	ا	ح	ف	خ	خ	ض	ع
م	س	ج	ت	ي	ش	ت	ز	خ	أ	ب	إ	خ	ت
و	غ	ح	ع	ق	ر	د	ت	ض	ب	س	ا	ح	ر
ك	ا	ا	ر	ى	ا	ل	م	ش	ا	ه	د	ط	ف
ب	ل	ل	ض	إ	ن	ح	ص	ظ	ل	ؤ	ى	ز	ي
ه	ف	م	ح	ك	م	ي	ؤ	ق	و	ن	ئ	ز	ه
ل	ي	ح	ل	ي	ر	ل	ض	ظ	ن	ى	خ	ؤ	ض
و	ل	ت	و	س	و	ة	خ	ث	ا	ف	ع	م	ع
ا	د	ا	ي	آ	ن	ا	د	ط	ت	ز	ث	آ	خ
ن	ح	ل	ا	د	ذ	ي	ن	ع	ل	و	ر	د	ع
ق	ؤ	ز	ت	ح	ي	ق	ت	ا	ف	ي	آ	ن	ؤ
ح	ي	ح	ل	ن	س	ل	ل	ذ	ت	ظ	ف	غ	ع

بهلوان
الحيوانات
بالونات
حلويات
مهرج
زي
الفيل
ترفيه
المحتال
أسد

سحر
ساحر
قرد
موسيقى
موكب
عرض
المشاهد
خيمة
نمر
حيلة

26 - Restaurant #2

ة	ؤ	ت	ز	ف	ن	ر	ظ	آ	خ	ف	ن	ؤ	ئ
ا	خ	ي	ن	ب	ع	ي	ط	ب	ض	ا	ا	ؤ	ف
ة	ذ	و	ى	م	ل	ع	ق	ة	ر	ل	ك	ي	ك
ظ	إ	د	ا	ل	ن	ا	د	ل	و	م	ا	ء	ج
ش	ت	ت	ذ	ح	س	ا	ء	ا	ا	ع	ر	ق	ذ
م	و	س	ك	ك	ر	ؤ	ط	ع	ت	ك	ض	غ	ح
ش	ا	ك	ل	ن	خ	ز	س	غ	ن	ر	ث	إ	ن
ر	ب	ج	ة	ط	ل	آ	و	د	ز	و	ئ	ظ	ا
و	ل	ر	ع	ا	ة	ع	ش	ا	ء	ن	ب	ل	ا
ب	ؤ	ة	ؤ	ن	غ	ئ	ؤ	ء	آ	ة	ز	ص	آ
ك	ر	س	ي	ق	و	ث	ة	ق	د	ض	م	ئ	ح
ا	ص	م	ط	ف	ذ	ب	س	ج	ئ	ن	ذ	ا	ش
ف	ا	ك	ه	ة	ج	ل	ي	د	إ	ح	و	غ	ى
خ	ي	م	ئ	ا	ك	ج	ث	ض	ل	ذ	ي	ذ	ط

مشروب	غداء
كيك	المعكرونة
كرسي	سلطة
لذيذ	ملح
عشاء	حساء
بيض	توابل
سمك	ملعقة
شوكة	خضروات
فاكهة	النادل
جليد	ماء

27 - Geology

ك	ج	ط	ج	ش	ط	ف	ا	ب	د	ذ	ج	غ	ص
ق	ه	ئ	آ	ح	ح	آ	ل	ر	ث	و	ق	خ	ج
ح	ض	ف	ط	ب	ق	ة	ح	ك	إ	د	ر	ص	ر
ح	ب	ل	و	ر	ا	ت	م	ا	م	س	خ	ا	ن
ض	ة	ي	ف	ن	ر	ق	م	ن	و	ي	ؤ	ل	ت
ع	ل	ذ	ئ	ل	ة	م	ر	و	ل	ث	ذ	م	ا
ى	ج	د	ت	ز	ل	ز	ا	ل	ت	ف	ك	ع	م
ت	ك	س	ك	آ	ئ	ت	ش	ا	ن	ض	ؤ	ا	و
ز	و	ذ	ق	ع	ك	ق	م	ل	ح	ج	ر	د	غ
ن	ي	آ	ق	ش	ب	ل	ي	م	م	ك	ع	ن	ق
ح	ف	ر	ي	ة	ة	ح	م	ر	ض	ن	ت	ض	ط
ا	ل	ك	ل	س	ي	و	م	ج	ج	غ	ؤ	د	غ
ا	ئ	غ	ك	ت	س	و	ش	ا	ح	س	ب	ن	ص
ط	ب	ؤ	ط	آ	ل	ن	ي	ن	ج	ق	س	ب	ة

حمض
الكلسيوم
كهف
قارة
المرجان
بلورات
دورات
زلزال
تآكل
حفرية

سخان
الحمم
طبقة
المعادن
مولتن
هضبة
مرو
ملح
حجر
بركان

28 - House

ذ	ف	س	ث	ى	إ	ؤ	ن	م	و	أ	ع	ف	ف
د	ا	ص	ت	ن	ت	إ	ن	ك	ف	ث	ب	د	خ
ك	ر	ا	ج	ا	ب	ؤ	ح	ت	م	ا	ر	ؤ	ص
ح	ش	آ	ص	ث	ئ	ف	س	ب	ك	ث	ت	ى	ف
ت	ز	م	ش	ؤ	غ	ر	ف	ة	ن	خ	ح	ي	ط
ر	ي	ص	ذ	س	م	ط	ب	خ	س	ك	د	و	ح
ص	غ	ب	ق	د	د	ح	ت	ح	ة	ي	ي	د	ا
س	ي	ا	ج	س	ف	ة	ط	ح	و	ب	ق	ب	ئ
ض	د	ح	ي	ب	أ	ر	ض	ي	ة	د	ة	ج	ط
ى	غ	آ	ؤ	ب	ة	ف	ع	ن	ا	ف	ذ	ة	ش
ي	ة	ب	ض	ا	ز	م	ل	ؤ	إ	ح	ك	ى	د
خ	خ	ؤ	ث	ب	و	ر	ب	د	ش	و	آ	د	س
س	ذ	ح	ف	ل	آ	آ	ه	خ	ج	غ	ئ	س	ع
ث	ف	ى	س	ق	ف	ة	ث	ظ	ئ	ض	ع	ئ	م

مفاتيح
مطبخ
مصباح
مكتبة
مرآة
سقف
غرفة
دش
حائط
نافذة

علبه
مكنسة
ستائر
باب
سياج
مدفأة
أرضية
أثاث
كراج
حديقة

29 - Comedy

ط	ا	ص	ث	ن	ا	ر	ا	ج	ئ	و	ص	ف	و
ل	ل	ل	ث	م	إ	إ	ت	ل	آ	ت	ؤ	ك	و
ة	ن	آ	ن	د	د	ف	ل	ط	م	ن	ا	ا	ى
م	ك	ح	ك	و	غ	ذ	ف	ف	م	م	س	ه	ن
ح	ا	ز	ك	د	ع	ز	ز	س	ث	س	ث	ة	ا
ا	ت	ا	ط	ئ	ط	ض	ي	غ	ل	ر	و	ل	خ
ك	ط	ل	ر	ض	م	ل	و	ذ	ة	ح	آ	ت	آ
ا	ح	م	ئ	ى	ر	ر	ن	م	ع	ب	ر	ة	ة
ة	ذ	ه	ف	إ	آ	ض	ح	ك	ت	ص	ف	ي	ق
س	ك	ر	ا	ل	ا	ر	ت	ج	ا	ل	ع	ج	إ
ا	ل	ج	م	ه	و	ر	م	غ	ق	غ	ع	خ	ك
خ	ض	ي	ذ	ك	ي	ج	ض	ح	ص	ق	ح	ظ	ض
ر	ى	ن	و	ر	ى	ل	ح	ر	ش	إ	ؤ	د	ض
ة	ض	ل	ؤ	ث	ت	ل	ك	ت	آ	ز	ص	آ	خ

الممثل
ممثلة
تصفيق
الجمهور
ذكي
المهرجين
معبرة
مرح
مضحك

النوع
فكاهة
الارتجال
النكات
ضحك
محاكاة ساخرة
تلفزيون
مسرح

30 - School #1

ل	غ	ز	ك	خ	غ	و	ط	س	ص	ع	ط	م	ل
ك	ش	ص	ش	ل	ة	ك	ع	ة	ى	ب	د	خ	ج
أ	ح	ئ	ض	ي	س	ر	ل	ج	ك	ئ	ع	ص	ث
د	ق	و	س	ت	خ	س	ا	غ	ظ	ث	آ	ع	ث
ص	ف	ل	ي	ع	ش	ي	م	غ	د	ث	و	ن	ا
ا	ت	ك	ا	ل	ر	ي	ا	ض	ي	ا	ت	ا	ل
ل	ل	و	غ	م	ج	غ	ت	ش	ؤ	ص	ء	ل	أ
أ	م	ك	ت	ب	ة	ق	ل	م	ؤ	ح	ث	م	ب
ج	آ	ؤ	ت	م	ر	ح	ة	ذ	ظ	ا	ث	ج	ج
و	ر	ق	ع	ب	ذ	د	م	ك	ت	ب	ا	ل	د
ب	ر	إ	ظ	ئ	ذ	ن	د	ش	ة	آ	و	د	ي
ة	و	ظ	ي	س	ب	ى	ر	ا	ض	ئ	خ	ا	ة
ص	ض	غ	ح	إ	ش	ح	س	ذ	آ	ح	س	ت	إ
ح	ب	ة	ي	ا	ل	ا	م	ت	ح	ا	ن	ا	ت

مكتبة
غداء
علامات
الرياضيات
ورق
قلم
أقلام
لغز
مدرس
ليتعلم

الأبجدية
الأجوبة
الكتب
كرسي
صف
مكتب
الامتحانات
المجلدات
اصحاب
مرح

31 - Dance

م	م	ذ	ز	ض	غ	م	ب	إ	ة	ئ	ك	ع	ا
ع	ا	ط	ف	ة	ئ	ر	ر	ص	ز	ذ	ا	ح	ل
ب	ب	ص	ر	ي	م	ح	و	ز	ض	ى	ل	ر	ك
ر	ض	ر	د	ث	ق	ا	ف	ي	ذ	ق	م	ك	و
ة	ف	ج	ث	ة	إ	ف	ة	و	ى	ف	و	ة	ر
ا	ل	أ	ك	ا	د	ي	م	ي	ة	ز	ق	م	ي
ك	ك	ن	د	ث	ح	ث	ق	ا	ف	ة	ف	و	غ
ب	ل	ل	ع	ض	ي	ض	ب	ا	ن	ت	ل	س	ر
ة	ن	ا	خ	م	س	ل	و	غ	ع	ق	ل	ي	ا
ظ	س	ف	س	ظ	ة	ج	ح	و	ظ	ل	ذ	ق	ف
ش	د	س	ى	ي	ش	ر	ي	ك	ي	ي	ج	ى	ي
ر	خ	إ	ي	آ	ك	ص	ع	ش	إ	د	و	آ	ا
م	ى	غ	ض	ت	ط	ي	ب	آ	ئ	ي	د	ز	ع
ط	ى	آ	ق	ط	ت	ق	ا	ل	ص	ل	ؤ	ح	ر

الأكاديمية
فن
جثة
الكوريغرافيا
كلاسيكي
ثقافي
ثقافة
عاطفة
معبرة
نعمة

مرح
قفز
حركة
موسيقى
شريك
الموقف
بروفة
إيقاع
تقليدي
بصري

32 - Colors

و	ب	ز	ح	أ	ح	م	ر	ب	ن	ف	س	ج	ض
و	ر	د	ي	خ	ض	ئ	س	ر	ن	ي	ل	ي	م
ا	ت	ث	ي	ض	ظ	ق	ر	م	ز	ي	ا	ت	د
ث	ق	ض	ص	ر	ة	ا	إ	ا	ة	ل	ز	آ	إ
ج	ا	س	ى	خ	أ	س	و	د	خ	آ	ر	ر	ا
غ	ل	و	ج	ق	ص	ز	آ	ي	خ	ا	ق	ج	ف
ض	ي	آ	ا	إ	ف	ج	و	ؤ	د	آ	س	آ	و
س	ؤ	ق	ف	م	ر	ب	ث	ر	ح	ل	م	ق	ش
خ	ر	ئ	ل	ش	ط	ي	ن	ص	ط	م	ا	س	ي
أ	ب	ي	ض	ئ	ص	ج	ظ	ي	ف	ك	و	ح	ا
ا	غ	م	ش	ي	ظ	ش	أ	ن	د	م	ي	غ	ت
أ	ر	ج	و	ا	ن	ي	ز	ى	ؤ	ا	د	ؤ	ر
ط	ع	ى	ج	ى	ك	ظ	ر	ى	د	ة	ك	ب	آ
م	ك	ب	ك	ض	إ	ت	ق	خ	ت	ز	م	ن	ز

أزور
بيج
أسود
أزرق
بني
قرمزي
ازرق سماوي
فوشيا
أخضر
رمادي

نيلي
برتقالي
وردي
أرجواني
أحمر
بني داكن
بنفسج
أبيض
أصفر

33 - Climbing

ا	ل	ت	ح	د	ي	ا	ت	ن	ز	ز	ذ	ذ	د
ة	ر	ك	إ	ق	ف	ا	ز	ا	ت	ذ	ا	ض	ر
ت	خ	ت	ه	خ	ز	أ	ز	ا	ا	ا	ت	م	ذ
ي	ق	م	ف	ف	ك	ح	ض	آ	ا	ل	ئ	ح	ن
ط	ش	ح	ا	ا	ب	ذ	ف	ص	ل	ف	ز	ي	ت
ع	ا	غ	ن	ت	ع	ي	ي	ن	غ	ض	ت	ث	ز
ا	خ	ب	ي	ر	خ	ة	س	ر	ل	و	ب	آ	ز
س	ل	ا	ث	ك	م	ة	ت	غ	ا	ل	د	ي	خ
ت	ص	ت	ق	و	ة	ش	د	ئ	ف	ح	ن	ذ	و
ق	ا	ع	ض	آ	ث	ؤ	ر	خ	ا	ض	ي	ق	ذ
ر	ض	ن	و	ا	ج	ك	ي	ر	ل	ق	ط	ح	ة
ا	ض	ؤ	ظ	ا	ر	ث	ب	ي	ج	ة	و	ق	ث
ر	إ	ص	ا	ب	ة	ي	ك	ط	و	ص	ظ	ش	ب
ص	ر	ة	ة	ز	ذ	ق	س	ة	ي	إ	ب	ض	ص

ارتفاع
الغلاف الجوي
أحذية
كهف
التحديات
الفضول
خبير
قفازات
خوذة

إصابة
خريطة
ضيق
بدني
استقرار
قوة
التضاريس
تدريب

34 - Shapes

ث	ئ	س	خ	ط	غ	ا	م	م	ل	ف	ا	م	ن
آ	خ	م	ن	ح	ن	ى	ف	ر	ك	ن	س	ث	ذ
ا	س	ص	د	ت	ة	ى	ت	م	ب	آ	ط	ل	ئ
ة	ل	ؤ	آ	ث	م	خ	ر	و	ط	ع	و	ث	ض
ى	ل	ب	م	ك	ع	ب	ق	ج	ب	ه	ا	خ	ف
ص	ا	ض	ي	م	س	ت	ط	ي	ل	ر	ن	ط	ا
ف	إ	خ	ش	ض	د	ا	ئ	ر	ة	م	ة	م	ا
ظ	ت	ا	د	ل	ا	ر	ت	ج	ت	ح	خ	س	ج
ك	ع	ق	س	ع	ل	و	ض	ط	ر	د	ل	ت	ج
ك	ص	ج	س	ا	ج	ح	ي	ب	ش	ح	ش	د	ى
ا	ل	ق	ط	ع	ا	ل	ز	ا	ئ	د	ح	ي	خ
ظ	ض	د	ج	س	ن	د	ئ	م	و	ش	و	ر	ز
خ	ا	ك	ظ	ذ	ب	ظ	غ	ر	م	خ	ا	ك	غ
ق	و	س	ج	ر	ح	غ	ر	ى	ل	ذ	ف	ط	ط

قوس
دائرة
مخروط
ركن
مكعب
منحنى
اسطوانة
حواف
القطع الزائد
خط

البيضاوي
مضلع
موشور
هرم
مستطيل
مستدير
الجانب
مربع
مثلث

35 - Scientific Disciplines

ن	ذ	ز	ص	م	ب	ر	ع	ج	آ	ق	ب	ت	ش
إ	ن	ؤ	ف	ي	ي	ت	ش	ر	ي	ح	ط	غ	ة
ع	ب	ذ	ن	ك	و	ز	د	ط	ك	ي	ش	ذ	ك
ل	ع	ل	م	ا	ل	ا	ج	ت	م	ا	ع	ي	س
م	ع	ص	إ	ن	و	ط	ز	ص	ث	ع	س	ة	ز
ا	ل	ل	ف	ي	ج	ع	ل	م	ا	ل	ن	ف	س
ل	ا	ز	م	ك	ي	ئ	ت	ل	ك	م	ع	ح	ز
ب	ب	ف	ة	ا	ا	ن	و	س	ي	ا	ل	ف	و
ي	ت	س	ة	ك	ل	ك	و	ا	م	ل	م	ج	ز
ئ	ح	ش	م	ك	س	م	س	ن	ي	ح	ا	ذ	د
ة	خ	ف	ن	ذ	ل	س	ع	ي	ا	ر	ل	ك	ز
ج	ي	و	ل	و	ج	ي	ا	ا	ء	ك	ف	ط	ت
ع	ل	م	ا	ل	ن	ب	ا	ت	د	ة	ل	ض	آ
ع	ل	م	ا	ل	م	ن	ا	ع	ة	ن	ك	ظ	ق

تشريح
علم الفلك
بيولوجيا
علم النبات
كيمياء
علم البيئة
جيولوجيا
علم المناعة

علم الحركة
لسانيات
ميكانيكا
علم المعادن
تغذية
علم النفس
علم الاجتماع

36 - School #2

ن	إ	إ	ي	أ	ت	ق	و	ي	م	ق	ا	و	ي
ح	و	ج	ز	ن	ك	غ	ا	ى	ف	ل	ل	ص	ت
م	ر	ز	ج	ش	ب	ك	س	م	ب	م	ل	ح	غ
م	ع	ض	غ	ط	ج	ل	ي	ح	و	ع	و	ر	ق
ح	ق	ي	ب	ة	ظ	ه	ر	ق	ل	س	ا	ر	م
ا	ن	ص	ئ	ز	س	ب	ن	ا	و	غ	ز	أ	د
ة	ب	ا	خ	ر	د	ق	ر	ش	ز	ا	م	ك	ر
ت	ع	ل	ي	م	ت	ح	غ	ا	س	ل	ع	ا	س
ك	ل	ع	س	ط	ح	ا	غ	ل	إ	ح	ل	د	ق
ش	ي	أ	د	ب	ت	ف	و	ك	إ	ا	م	ي	ق
ق	ت	ئ	ت	ب	ص	ل	ث	ت	ن	س	ك	م	ف
ك	ي	ر	ف	ح	ز	ة	آ	ب	ي	و	ت	ي	ض
ؤ	ا	ص	ح	ا	ب	ث	ج	ي	ئ	ب	ب	ق	م
ح	ت	ف	ك	ض	ش	ج	ع	ى	ى	ظ	ة	ك	ن

أكاديمي
أنشطة
حقيبة ظهر
الكتب
حافلة
تقويم
الحاسوب
قاموس
تعليم
ممحاة

اصحاب
قواعد
مكتبة
أدب
ورق
قلم
علم
مقص
اللوازم
مدرس

37 - Science

ح	ظ	ا	ت	ط	و	ر	ز	ع	ح	خ	ج	ف	ظ
ر	ق	غ	ل	ط	ب	ي	ع	ة	إ	ف	و	ر	ر
و	و	ي	ز	ب	و	ى	ذ	ك	ح	ش	ر	ض	ظ
ف	ا	ط	ق	ؤ	ي	ج	ز	ي	ئ	ا	ت	ي	ض
ى	ل	ا	ؤ	ة	ظ	ا	س	ؤ	آ	م	ج	ة	ة
ب	ف	ل	ع	ذ	ر	ل	ن	ؤ	م	ن	ر	ح	ش
ى	ي	م	ص	ر	ق	ج	ز	ا	ض	ا	ب	ؤ	د
ق	ز	ر	ج	ة	ط	س	ذ	غ	ت	خ	ة	ض	ث
ذ	ي	ا	ا	إ	ب	ي	ا	ل	م	ع	ا	د	ن
ب	ا	ق	ذ	ب	ت	م	ع	ا	ل	م	ذ	ل	ئ
ا	ء	ب	ب	س	خ	ا	ت	غ	ذ	ا	ز	ص	ق
ة	ئ	ة	ي	ع	إ	ت	ن	ب	ا	ت	ا	ت	و
و	ق	ل	ة	م	خ	ت	ب	ر	ل	ص	ظ	ن	م
ة	آ	خ	غ	ط	ر	ي	ق	ة	ى	ذ	ي	ا	ب

ذرة
مناخ
البيانات
تطور
تجربة
حقيقة
حفرية
جاذبية
فرضية
مختبر

طريقة
المعادن
جزيئات
طبيعة
المراقبة
الجسيمات
الفيزياء
نباتات
عالم

38 - To Fill

ب	غ	ر	ب	ع	ب	ك	ئ	ك	ة	خ	ك	ي	س
ا	ح	س	ر	ف	أ	ى	س	ط	ز	ط	ر	ي	ي
إ	ث	ي	م	ك	د	ن	ص	ج	ر	ة	ت	ن	ة
ب	آ	ر	ي	ا	و	م	ب	خ	ق	ك	و	ح	ت
ة	ح	ع	ل	ب	ة	ج	ا	و	ز	ذ	ن	ض	ا
آ	ث	ن	إ	م	غ	ل	ف	ت	ب	ن	ح	س	ظ
غ	ح	ز	م	ة	ث	د	ي	ن	ت	ط	ق	ئ	ظ
ن	م	ج	ز	ض	ص	ي	ن	ي	ة	ط	ز	ف	ع
ح	ق	ي	ب	ة	س	ف	ر	ى	ز	ذ	ج	ط	ص
و	د	ث	ج	ط	ل	و	ا	ح	ه	د	ا	س	ب
ض	ى	غ	ص	ي	ة	ا	ل	د	ر	ج	ج	د	و
إ	ن	ع	ذ	س	ب	ب	ل	ل	ي	ن	ة	ل	ع
ك	ة	خ	ز	ع	ت	ؤ	ط	ئ	ة	د	إ	و	ا
ر	إ	ظ	و	ذ	ش	ئ	ض	ع	و	س	ئ	ي	ء

كيس
برميل
حوض
سلة
زجاجة
علبة
دلو
كرتون
قفص
الدرج

مغلف
مجلد
جرة
حزمة
جيب
حقيبة سفر
صينية
أنبوب
زهرية
وعاء

39 - Summer

ط	ج	د	ع	ص	خ	ث	ل	ب	ص	ظ	س	ش	د
د	ع	ن	ط	ن	ئ	إ	ع	ذ	ك	ر	ي	ا	ت
ة	م	ا	د	ا	غ	ش	آ	ا	ن	ز	ل	ط	غ
ث	ب	ل	م	د	ب	ؤ	د	أ	م	ف	ع	ئ	ك
ب	ا	س	س	ل	ي	ح	ل	ل	س	ب	ا	ح	ة
ا	ج	ف	م	ئ	ت	ج	ر	ع	ك	ى	ل	د	ض
ص	س	ر	ر	أ	س	ر	ة	ا	م	ذ	ك	ي	ت
ن	م	ت	ح	ع	ط	ل	ة	ب	ؤ	غ	ت	ق	ا
و	ك	خ	ر	م	و	س	ي	ق	ى	د	ب	ة	ل
ت	ب	ي	ن	خ	ا	ل	ن	ج	و	م	ظ	ة	غ
ف	ج	ي	ى	م	ا	ا	ل	ت	ر	ف	ي	ه	و
ئ	ك	م	م	ل	س	ء	ت	ش	ئ	إ	ظ	م	ص
ك	ش	ر	ض	د	ش	د	ؤ	ز	ص	ب	ظ	ى	ط
ا	ص	ح	ا	ب	إ	ظ	خ	ث	ت	ض	ن	ع	ذ

الترفيه
ذكريات
موسيقى
استرخاء
صنادل
بحر
النجوم
للسباحة
السفر
عطلة

شاطئ
الكتب
تخييم
الغوص
أسرة
طعام
اصحاب
ألعاب
حديقة
مرح

40 - Clothes

ث	ق	ف	ا	ز	ا	ت	ج	ل	ب	ش	ا	آ	ت
ا	ع	م	ج	ت	ئ	ز	ض	ب	ص	ن	ا	د	ل
ت	ش	ع	ي	ش	إ	إ	ب	ا	ث	ع	ت	ا	ظ
ر	و	ط	ن	ص	إ	ط	خ	س	م	ي	ن	ل	ص
ف	ك	ف	ز	م	و	ض	ة	ن	ئ	ر	و	س	ت
ة	س	ح	ض	خ	ش	ب	ل	و	ز	ة	ر	ت	آ
ب	ر	ت	ذ	ت	ا	س	خ	م	ر	ق	ة	ر	ب
ذ	و	ن	ا	ا	ح	و	ذ	ج	ز	ب	و	ة	ث
إ	ا	ص	ص	ن	ء	ا	ث	و	ت	ع	ج	ئ	ى
ؤ	ل	إ	ل	آ	ت	ر	آ	ه	ؤ	ة	إ	ة	ش
ئ	ب	ة	ى	ى	ط	د	ؤ	ر	ذ	ى	ح	ش	ع
ت	ت	ى	ط	س	ت	ر	ة	ا	ي	ئ	ز	ذ	ب
ق	غ	ر	و	ا	ز	ة	ة	ت	ن	ي	ا	ؤ	ث
ر	ئ	س	ش	ي	إ	ص	ح	ر	ح	إ	م	ذ	إ

جينز
مجوهرات
لباس نوم
سروال
صنادل
وشاح
قميص
حذاء
تنورة
سترة

مئزر
حزام
بلوزة
سوار
معطف
فستان
موضة
قفازات
قبعة
السترة

41 - Insects

ت	ش	ظ	ر	و	ب	د	ل	ا	ب	ة	ي	ر	خ
ك	ت	ط	ظ	ر	ي	ب	ن	ل	ا	س	ر	ف	ب
ك	ك	ب	ظ	ز	ج	ك	خ	ب	آ	ت	ح	ت	ج
ي	ف	ن	م	ل	ا	ة	ث	ع	ؤ	ض	ف	إ	ؤ
ر	ة	ل	م	ن	ل	م	ي	و	ث	و	غ	ر	ب
ق	ط	ع	ج	ا	خ	ص	ى	ض	ع	ع	س	س	ج
ة	ذ	خ	ل	ل	ن	ء	ا	س	ف	ن	خ	ر	ص
ق	ت	ز	ر	ي	ف	ض	ة	ض	ر	أ	ا	ر	ن
ط	ي	ص	غ	ع	س	ح	ر	و	ب	د	ص	م	ز
ز	ط	س	ف	س	ا	م	م	ح	ة	و	ا	ن	ف
ئ	آ	ب	ذ	و	ء	و	م	ف	ر	د	إ	ؤ	ج
ة	ل	ح	ن	ب	غ	س	ؤ	ج	خ	ة	خ	ث	ن
ة	د	ع	ي	ر	ؤ	ك	آ	ب	ب	ظ	ذ	ق	د
ع	ا	آ	ا	ب	ز	د	م	ة	ش	ا	ر	ف	ب

نملة
المن
نحلة
خنفساء
فراشة
الزيز
صرصور
اليعسوب
برغوث
جندب

الدبور
الخنفساء
يرقة
جرادة
فرس النبي
البعوض
عثة
أرضة
دبور
دودة

42 - Astronomy

س	و	ب	ر	ن	و	ف	ا	ن	و	ة	ق	ش	م
ع	ا	ل	م	ب	س	ي	ل	س	م	ا	ء	م	ق
ؤ	غ	أ	إ	آ	ا	ب	ك	س	ا	ع	ض	س	ر
ن	م	ر	ص	د	س	ا	و	ك	ى	خ	ح	ي	ا
ي	ز	ض	ث	م	د	إ	ي	ت	ر	و	ق	ك	ب
ز	د	ئ	ظ	ت	ي	آ	ك	ك	ا	ر	ي	ض	د
ك	ة	ك	ر	ث	م	ذ	ب	س	ئ	ب	ص	ك	ط
و	و	ف	س	م	ق	إ	ر	و	د	ئ	ر	ت	ئ
ك	ث	ك	ق	و	ح	ع	ش	ف	ف	ر	خ	ص	ي
ب	ي	ص	ب	ع	غ	ر	ن	ع	ض	ة	إ	ص	ذ
س	س	ز	ذ	ة	ق	ش	ح	إ	ا	ف	ف	ا	ر
ا	ل	ا	ع	ت	د	ا	ل	خ	ء	ع	ل	ذ	ث
ا	ل	ب	ر	و	ج	و	ح	د	ؤ	ز	ك	ى	ى
غ	ل	ر	ز	ط	ص	ا	ر	و	خ	ع	ي	ب	ط

الكويكب
رائد فضاء
فلكي
كوكبة
عالم
أرض
كسوف
الاعتدال
نيزك
قمر

سديم
مرصد
كوكب
إشعاع
صاروخ
سماء
شمسي
سوبرنوفا
مقراب
البروج

43 - Pirates

ع	ل	ك	ظ	ظ	ش	ع	ح	ث	ظ	خ	د	ؤ	ي
م	و	ن	ت	ب	ا	ك	ث	ن	إ	ب	ن	ض	ض
ل	م	ز	ة	ب	ط	و	ت	ؤ	ر	ق	ا	آ	م
ا	ر	و	إ	غ	ئ	ك	ذ	ع	آ	ظ	ن	ا	أ
ت	س	ؤ	ت	ا	ف	ه	ة	ل	ص	و	ب	س	ث
م	ا	ش	ث	ء	ب	ف	آ	م	ق	ؤ	ط	ي	م
ع	ة	ل	ئ	آ	م	ق	ا	ط	خ	و	ط	ف	غ
د	ؤ	غ	ا	ة	ب	د	ن	ط	ر	ذ	ؤ	ط	ا
ن	ئ	خ	ذ	ر	ط	ر	ر	ة	ي	ط	ش	س	م
ي	ش	م	ؤ	ف	ي	م	آ	ح	ط	ى	ض	د	ر
ة	ؤ	ع	ؤ	ا	ق	ل	ش	ط	ة	ز	م	س	ة
ي	ز	ش	ص	ن	ظ	ج	ب	ق	خ	م	آ	ي	ل
س	إ	ة	ر	ي	ز	ج	ا	ؤ	ب	ط	خ	ء	ر
إ	ة	آ	م	ف	ج	ا	ا	إ	م	ع	ة	ث	ى

علم
ذهب
جزيرة
أسطورة
خريطة
ببغاء
رم
ندبة
سيف
كنز

مغامرة
مرساة
سيء
شاطئ
كابتن
كهف
عملات معدنية
بوصلة
طاقم
خطر

44 - Time

ر	آ	و	ق	ت	ا	ل	ظ	ه	ي	ر	ة	ت	ح
ا	ل	ل	ي	ل	ل	ل	ن	ت	س	ن	و	ي	أ
ة	آ	ح	ش	ى	ع	ذ	ي	ق	ن	ش	ه	ر	م
ك	ر	س	ع	س	ق	ن	و	و	ة	ز	م	أ	س
ف	إ	ز	م	م	د	ز	م	ي	م	ض	ع	س	ا
ى	ظ	ظ	ب	ئ	ق	ب	ل	م	س	ت	ق	ب	ل
و	خ	ل	ك	ع	ي	ي	ص	ة	ص	ب	م	و	ل
ذ	ق	ذ	ر	ص	ق	ق	ؤ	ب	س	و	ر	ع	ث
خ	ا	ص	ا	د	ة	ر	ث	ط	ا	ل	آ	ن	ط
ج	ظ	د	د	ك	ق	ي	آ	ص	ع	ح	ت	م	ت
ح	ا	آ	ر	ض	ر	ب	ب	و	ة	ن	آ	ت	ض
ص	ؤ	ش	إ	ج	ن	ا	خ	ئ	ث	ف	ي	ل	م
د	د	ج	آ	ت	غ	ر	ح	ز	ك	ف	ص	ع	ق
د	ف	د	ؤ	ص	ض	آ	م	ف	ا	ق	ك	ؤ	ؤ

سنوي
قبل
تقويم
قرن
يوم
العقد
مبكرا
مستقبل
ساعة
دقيقة

شهر
صباح
الليل
وقت الظهيرة
الآن
قريبا
اليوم
أسبوع
سنة
أمس

45 - Buildings

ا	ل	م	م	ت	ح	ف	ج	ا	م	ع	ة	و	ر
ل	ا	ض	م	س	و	ب	ر	م	ا	ر	ك	ت	ف
س	ف	ض	ك	ق	ت	ا	و	ط	م	د	ؤ	ط	ة
ف	د	ق	ن	آ	ح	ش	ث	ا	م	ص	ن	ع	م
ا	د	ق	ز	ب	ظ	د	ف	خ	س	ى	خ	خ	ل
ر	ض	ز	ل	ر	ي	ع	ن	ى	ر	ؤ	ح	ة	ع
ة	خ	غ	ض	ع	ر	ذ	د	ن	ح	ؤ	ا	س	ب
س	ي	ن	م	ا	ة	ج	ق	ز	خ	د	ث	ح	ر
د	م	ر	خ	ش	إ	ف	ؤ	م	د	ر	س	ة	ج
ف	ة	ا	ل	م	ق	ص	و	ر	ة	ب	ز	ذ	ط
ف	ج	ح	ك	خ	ؤ	ة	ز	ص	ك	ص	ت	خ	ق
ذ	ج	ر	ت	ت	ذ	ب	ذ	د	ح	ل	ج	خ	ؤ
ج	د	ط	د	ب	ف	ن	ش	ن	ص	ط	و	ئ	ط
ج	آ	ظ	ى	ر	ة	ش	غ	خ	ش	ة	ص	ع	خ

شقة
حظيرة
المقصورة
قلعة
سينما
السفارة
مصنع
مستشفى
نزل
فندق

مختبر
متحف
مرصد
مدرسة
ملعب
سوبر ماركت
خيمة
مسرح
برج
جامعة

46 - Herbalism

إ	إ	ط	ث	ط	ق	ز	ب	ع	ز	م	خ	ر	ا
ئ	ك	ة	خ	ئ	ظ	ت	ه	ط	ى	ا	ز	ي	ل
ى	د	ل	ق	ن	أ	خ	ض	ر	س	م	ا	ح	ط
ث	ب	ث	ي	ي	ئ	ق	ح	ي	ة	ف	م	ا	ر
ت	و	ا	ب	ل	ص	إ	إ	آ	س	ي	ى	ن	خ
س	ي	م	آ	ؤ	ا	ئ	س	ز	ج	د	ذ	ح	و
ا	إ	ر	ش	ط	ل	ل	ذ	ث	ش	ح	إ	د	ن
ل	ث	د	ي	ث	ط	ع	ج	ل	ز	و	ر	ى	م
ش	ث	ق	ل	ؤ	ه	غ	ن	ب	ق	د	و	ن	س
م	غ	و	ز	ج	ي	خ	ك	ي	ل	ح	س	ع	ي
ر	ج	ش	م	خ	غ	ذ	ه	ا	آ	م	ص	ن	ع
ة	ب	ف	ط	ى	د	ت	ة	ز	ع	ف	ر	ا	ن
ح	د	ي	ق	ة	ف	و	ة	و	ك	ا	ت	ع	ف
س	آ	ن	ط	ر	ص	ك	ط	ا	ل	ع	ن	ص	ر

العنصر
خزامى
مردقوش
نعناع
توابل
بقدونس
مصنع
إكليل الجبل
زعفران
الطرخون

عطري
ريحان
مفيد
الطهي
الشمرة
نكهة
زهرة
حديقة
ثوم
أخضر

47 - Toys

ش	ا	ح	ن	ة	ف	غ	ش	ؤ	ؤ	م	ق	س	ك
ا	ل	ك	ت	ب	ش	أ	ك	ط	ي	ن	ا	ي	ر
ر	ح	ح	ض	ف	آ	ل	ص	د	ر	غ	ر	ا	ط
م	ر	ص	د	آ	ب	ع	ك	ف	و	ن	ب	ر	ا
ح	ف	ر	غ	خ	ي	ا	ل	ى	ق	إ	ج	ة	ئ
ط	ئ	ض	ش	ر	ل	ب	ص	ك	ا	ة	ى	ي	ر
ش	ع	ن	ل	ؤ	ح	ت	خ	ر	ث	ض	ظ	ع	ة
ق	ل	غ	ز	د	ر	ا	ج	ة	ي	ر	س	ذ	و
ق	ق	ت	د	م	ا	ل	د	ه	ا	ن	ا	ت	ر
ط	ط	ث	ض	ي	ا	ط	ت	ر	ص	ز	ة	ث	ق
ا	إ	ا	و	ة	ى	ب	ق	و	ش	ص	ف	ظ	ي
ر	ن	ك	ئ	د	ل	و	ي	ب	م	ض	ت	س	ة
ر	ج	ك	و	ر	ظ	ل	ع	و	ن	إ	خ	خ	ل
ى	ص	ب	ك	ئ	ة	ف	ز	ت	خ	ض	س	س	آ

طائرة
كرة
دراجة
قارب
الكتب
سيارة
شطرنج
طين
الحرف
دمية

الطبول
مفضل
ألعاب
خيال
طائرة ورقية
الدهانات
لغز
روبوت
قطار
شاحنة

48 - Vehicles

ط	ت	ا	غ	و	ا	ص	ة	م	ت	ج	ص	ز	ذ
ا	ا	ا	ل	ن	إ	ى	م	ح	ح	ا	ف	ل	ة
ئ	ك	ل	ط	إ	ز	ك	د	ر	ا	ج	ة	ا	ر
ر	س	م	ج	إ	ط	ئ	ا	ك	ز	ر	إ	ل	ن
ة	ي	ك	ف	ذ	ة	ا	ث	و	ر	ا	ح	ع	و
م	د	و	ق	ئ	ش	خ	ر	ق	ي	ر	ج	ب	ع
ج	س	ك	و	ت	ر	ؤ	خ	ا	ا	ض	و	ا	ش
ئ	ط	ؤ	ه	ل	ي	ك	و	ب	ت	ر	ن	ر	ة
س	ي	ا	ر	ة	ش	ا	ح	ن	ة	ق	ب	ة	ت
ن	م	خ	إ	ص	ا	ر	و	خ	ت	ا	ط	و	ف
ي	ي	ت	ح	ا	ة	ة	ر	غ	ز	ف	ئ	ئ	ج
س	ي	ا	ر	ة	إ	س	ع	ا	ف	ل	س	د	ي
ك	م	خ	ح	و	د	ئ	خ	ة	ئ	ة	ض	ج	ث
ر	ئ	ك	ي	ف	د	ة	ض	آ	ث	ة	آ	ط	ق

طائرة
سيارة إسعاف
دراجة
قارب
حافلة
سيارة
قافلة
العبارة
هليكوبتر
محرك

طوف
صاروخ
سكوتر
المكوك
غواصة
مترو
تاكسي
الإطارات
جرار
شاحنة

49 - Flowers

ا	ل	ن	ر	ج	س	ا	ل	ب	ر	ي	ق	غ	ي
ل	ل	ز	ه	ر	ة	ا	ل	ع	ا	ط	ف	ة	ا
ك	ع	ه	ج	ا	ر	د	ي	ن	ي	ا	ض	ح	س
ر	ؤ	م	ن	ب	ا	ق	ة	أ	ز	ه	ا	ر	م
ك	ؤ	ث	س	د	ي	ز	ي	ك	ل	ت	ئ	ذ	ي
د	ب	ح	و	ث	ب	خ	ز	ا	م	ى	م	م	ن
ي	ا	ل	ف	ا	و	ا	ن	ي	ا	ز	ن	ب	ق
ه	ل	ا	و	ح	إ	ض	ء	ك	غ	ق	ا	ز	ج
ف	ب	ل	ل	م	ح	غ	خ	ل	ن	ت	ط	و	ت
ي	ت	س	ط	خ	ي	أ	ر	ج	و	ا	ن	ي	و
ع	ل	ح	ئ	م	ش	ر	ل	ث	ل	إ	ن	ث	ل
ى	ة	ل	ن	ش	ا	خ	ي	ت	ي	م	ف	ص	ي
ن	م	ب	ف	س	ث	ن	ا	ا	ا	ص	ز	ع	ب
ك	ك	س	ل	ث	ر	ن	ى	ش	و	ط	خ	ك	ف

باقة أزهار
نفل
النرجس البري
ديزي
الهندباء
جاردينيا
الكركديه
ياسمين
خزامى
أرجواني

زنبق
ماغنوليا
السحلب
زهرة العاطفة
الفاوانيا
البتلة
بلوميريا
الخشخاش
توليب

50 - Town

ط	ك	س	غ	ح	ذ	إ	خ	ص	غ	ي	خ	ؤ	غ
ف	ح	ت	م	م	ؤ	ي	ظ	ط	ك	ز	ئ	ح	م
ي	م	س	ف	د	ض	ج	د	ا	ن	ر	ا	ط	م
ت	ر	ت	ك	ر	ا	م	ر	ب	و	س	ك	ن	ب
ح	ة	ت	ع	س	ب	ع	ل	م	آ	ص	س	س	إ
ل	ص	ض	ي	ة	ق	ر	ن	ف	ف	ق	ل	ي	ق
ش	ك	ك	ا	ا	ق	ض	ى	ئ	ز	ق	د	ن	ف
ز	ظ	ر	د	ض	ق	و	س	ه	ز	ب	خ	م	ص
ص	و	ئ	ة	آ	ت	ؤ	و	د	ح	ة	و	ا	ي
ة	ع	م	ا	ج	ص	ر	ن	ث	س	ر	ك	م	د
د	ج	ج	ئ	ر	ل	س	ا	م	م	ع	ط	م	ل
و	غ	ي	ن	ا	و	ي	ح	ة	ق	ي	د	ح	ي
ى	ة	ب	ت	ك	م	ذ	آ	ض	ش	ا	ا	ا	ة
ب	س	ج	ب	ن	ص	س	ظ	ؤ	ط	د	ظ	د	ؤ

متحف
صيدلية
مطعم
مدرسة
ملعب
خزن
سوبر ماركت
مسرح
جامعة
حديقة حيوان

مطار
مخبز
بنك
سينما
عيادة
منسق زهور
معرض
فندق
مكتبة
سوق

51 - Antarctica

ج	ث	م	ف	ى	ظ	ج	ى	د	ي	ش	ل	و	ش
ؤ	غ	ر	ض	م	س	ئ	ت	ة	ج	ي	ك	ئ	ب
س	ج	ر	ه	ج	ر	ة	ا	ل	ط	ي	و	ر	ه
د	ح	ق	ا	ي	ص	إ	خ	ل	ي	ج	ف	ر	ج
ر	ا	ا	ط	ف	ت	م	ظ	ض	ب	ا	ح	ث	ز
ج	ل	ر	ب	و	ي	ؤ	ز	ي	ي	ع	ل	م	ي
ة	ج	ة	و	ى	ب	ة	غ	ص	ئ	ن	ث	ن	ر
ا	ز	ذ	غ	ل	خ	ت	ع	خ	ة	ؤ	ف	ة	ة
ل	ر	ش	ر	ج	ئ	غ	ص	ر	خ	ي	ب	ة	د
ح	ع	ؤ	ا	ل	ح	ف	ظ	ي	د	ؤ	ة	ح	ى
ر	خ	د	ف	ي	ا	ل	م	ع	ا	د	ن	ى	ى
ا	ت	و	ي	د	م	ز	إ	ا	ت	ة	آ	ظ	ع
ر	ب	ة	ا	و	ا	و	ل	ق	ع	د	غ	ص	ي
ة	ة	ئ	ق	ذ	ء	م	ي	ر	ق	ح	ن	و	ع

خليج
الطيور
سحاب
الحفظ
قارة
كوف
بيئة
البعثة
جغرافية
جليد

الجزر
هجرة
المعادن
شبه جزيرة
باحث
صخري
علمي
درجة الحرارة
طبوغرافيا
ماء

52 - Ballet

ا	ل	ك	و	ر	ي	غ	ر	ا	ف	ي	ا	ة	ع
ث	ك	ض	ص	غ	إ	ة	ر	ث	ع	ؤ	ى	ظ	خ
ب	ر	و	ف	ة	ج	ي	ؤ	ش	ع	ض	ل	ا	ت
ف	ت	ي	و	د	ث	ت	ق	ن	ي	ة	ف	ل	ت
ظ	أ	و	ر	ك	س	ت	ر	ا	آ	ص	ت	ر	ص
ا	ل	ج	م	ه	و	ر	ش	و	ع	ك	ة	ا	ف
ق	ل	ش	ن	ت	م	ط	ص	م	ق	ح	ض	ق	ي
ض	ض	د	ف	ن	ي	خ	ل	ر	ي	ي	ن	ص	ق
ح	ئ	ة	ر	خ	ذ	ح	ع	ك	ج	آ	ا	ا	ى
و	إ	ن	د	و	ة	م	ل	ح	ن	آ	ض	ت	ص
ص	ع	ض	ا	د	س	آ	ل	د	م	ه	ا	ر	ة
خ	ق	ز	ش	ل	ط	ن	ة	غ	إ	ط	ل	س	ئ
م	ع	ب	ر	ة	ا	ع	م	و	س	ي	ق	ى	ج
ر	د	ت	ق	ج	إ	ث	م	ط	ي	ص	إ	ذ	و

عضلات
موسيقى
أوركسترا
بروفة
إيقاع
مهارة
منفردا
نمط
تقنية

تصفيق
فني
الجمهور
الكوريغرافيا
ملحن
الراقصات
معبرة
لفتة
شدة
الدروس

53 - Human Body

ح	خ	ذ	ة	ج	ؤ	ف	د	آ	إ	ح	ب	آ	ر
ز	ك	و	ع	ك	ك	آ	ض	ة	ص	ى	ط	س	ئ
ئ	ف	ف	ز	إ	غ	إ	م	غ	ل	م	م	ز	ي
ت	ح	ف	ش	ر	ل	د	ن	ج	ظ	ص	ى	ي	س
ى	ظ	ى	ؤ	ر	ز	م	غ	ش	ح	ص	ع	ر	ك
ؤ	ن	ج	و	ف	ي	د	م	ق	ل	ب	ئ	ش	ا
ك	ت	ف	ك	ف	ر	ب	ب	د	ع	ش	و	أ	ح
أ	ذ	ن	م	و	إ	س	ن	م	ق	ض	ز	ن	ل
ج	ق	ج	ش	م	ظ	ص	إ	ا	آ	ى	ب	ف	ط
و	ن	ن	ر	ك	ب	ة	ب	غ	ض	س	ى	ك	د
ف	ج	ش	ق	ب	ج	آ	إ	ع	ظ	ا	م	ب	ف
ق	ز	ه	ب	ل	ج	ة	ب	ي	ر	ج	ل	ن	إ
ب	ف	و	ة	ط	ل	آ	د	ذ	ر	ذ	ش	غ	ف
ب	ئ	ش	ا	ت	د	خ	ي	ى	ث	ت	ف	ؤ	ط

كاحل
دم
عظام
دماغ
ذقن
أذن
كوع
وجه
إصبع
يد

رئيس
قلب
فك
ركبة
رجل
فم
رقبة
أنف
كتف
جلد

54 - Musical Instruments

ا	س	ذ	غ	ذ	ة	ش	آ	د	إ	ت	ش	س	ب
ى	ل	ل	د	ن	ض	د	د	ل	ف	ج	ق	ك	و
ن	ى	د	ع	ب	ف	ح	ج	و	ب	ص	ي	ج	ق
ش	س	ل	ق	م	ة	ن	ش	ظ	ش	ش	غ	ق	ى
ق	آ	ظ	ة	ا	ا	ل	م	ز	م	ا	ر	ي	ث
ب	ر	ي	ؤ	ر	ت	ظ	ب	إ	ا	ل	ئ	ث	ر
ا	ط	ع	خ	ي	ى	ذ	غ	م	ل	ت	ن	ا	س
س	ئ	ب	ي	م	س	ص	ف	ف	ت	ش	ز	ر	ا
و	آ	ا	ل	ب	ا	ن	ج	و	ر	ي	ج	ة	ك
ن	م	ز	م	ا	ر	م	ن	د	و	ل	ي	ن	س
ز	ص	ق	ق	و	ح	ع	ك	ا	م	و	ن	ا	ف
ك	م	ا	ن	ط	آ	ذ	ا	ط	ب	ل	ا	ق	و
ك	ث	ا	غ	د	ب	ظ	ك	ك	و	إ	ي	و	ن
ؤ	ش	خ	ص	ث	د	ب	ي	ا	ن	و	س	س	ة

مندولين
ماريمبا
المزمار
قرع
بيانو
ساكسفون
دف صغير
الترومبون
بوق
كمان

البانجو
باسون
التشيلو
الدقات
مزمار
طبل
ناي
ناقوس
قيثارة
جنك

55 - Fruit

ب	ا	ب	ا	ي	ا	ز	ة	ط	ن	ع	ي	ج	ح
ؤ	ل	ك	غ	م	ش	م	ش	ح	ف	ت	خ	و	ز
أ	ن	ا	ن	ا	س	ي	ل	ق	ر	ض	خ	ز	غ
ت	ي	ن	ك	أ	ف	و	ك	ا	د	و	و	ا	ف
ت	ق	و	م	ب	ذ	ح	ر	ح	ر	ذ	خ	ل	ط
إ	ع	خ	ث	ي	ي	ى	ز	ا	ذ	ذ	ة	ه	ت
آ	ا	آ	ر	ر	ب	ر	م	ا	ن	ج	و	ن	و
آ	ح	ح	ى	ي	ر	ك	ي	و	ي	د	ذ	د	ت
ر	ف	خ	ا	ذ	ت	ؤ	ت	س	ز	آ	آ	د	ا
ج	ر	ذ	ض	ن	ق	ص	ذ	ف	ب	ص	ج	آ	ل
خ	ي	ص	ك	ذ	ا	ص	ذ	ئ	ا	ح	ش	ؤ	ع
ع	ن	ب	ش	ي	ل	ى	ى	ش	ي	ح	م	غ	ل
ح	ت	ش	ي	ن	ي	ب	ش	ق	ث	ا	ا	ش	ي
ل	ي	م	و	ن	ك	ي	ذ	إ	ئ	ؤ	م	ي	ق

تفاح
مشمش
أفوكادو
موز
بيري
بلاك بيري
كرز
جوز الهند
تين
عنب

كيوي
ليمون
مانجو
شمام
برتقالي
بابايا
خوخ
كمثرى
أناناس
توت العليق

56 - Virtues #1

ع	ا	ذ	إ	ن	خ	م	ي	ك	ذ	ك	ح	ض	م
م	خ	ث	ل	ظ	ط	و	د	ؤ	ض	إ	ك	ت	ب
س	ث	ا	ك	ي	ب	ث	ن	ا	ؤ	ر	و	ب	ص
ت	غ	ب	ز	ف	ف	و	ت	ص	ي	ا	ل	ص	ئ
ق	ل	ح	ة	ض	ق	ق	م	م	ض	م	س	ا	ح
ل	ظ	ك	ب	و	س	ب	ض	ع	ش	د	ي	ف	م
ل	ا	ي	خ	ل	ا	ه	ي	ع	إ	ز	ئ	ت	ا
ت	ة	م	ك	ي	ح	ا	إ	ؤ	ض	و	ط	ط	ض
و	ف	ق	ة	ص	ر	د	ي	ف	ط	ا	ع	ع	ص
ق	س	ط	د	إ	ط	ك	ج	ع	غ	م	ط	م	ف
ظ	ئ	ح	ب	ي	ش	ب	ط	ا	ظ	ؤ	ب	ل	ل
ا	ث	س	غ	ف	ت	ق	ب	ل	خ	ن	ظ	ي	ل
ت	ق	ن	غ	ر	ئ	ى	ع	ة	خ	س	ل	ث	ى
م	ي	ن	ف	ع	ا	ط	ر	ش	ح	ب	و	ع	ف

فني
ساحر
نظيف
فضولي
حاسم
فعالة
مضحك
كريم
حسن
مفيد

الخيال
مستقل
ذكي
متواضع
عاطفي
صبور
عملي
موثوق بها
حكيم

57 - Kitchen

ى	إ	ا	ل	ش	و	ك	آ	ظ	إ	ر	ل	ا	ر
ي	ظ	ب	ل	ت	ف	و	ل	ث	ح	ط	ث	ل	ؤ
ط	ز	ف	ر	ن	خ	م	ج	م	د	ع	ل	م	ر
ؤ	ل	ؤ	ع	ي	د	ا	ن	و	ع	ا	ء	ل	ج
إ	س	ف	ن	ج	ق	ل	ى	د	د	م	س	ا	ر
ر	غ	ض	ف	ت	ث	غ	ظ	س	ي	غ	ى	ع	ة
ث	ل	ا	ج	ة	ي	ر	ة	ك	و	ل	ي	ق	إ
إ	ق	ع	ط	ر	ئ	أ	غ	ا	ص	ا	ش	ة	ذ
ى	و	ع	ا	ة	ت	ك	ب	ك	ف	ي	ى	ق	ج
ر	إ	د	ص	ر	ش	و	ا	ي	ة	ة	ي	ن	غ
آ	ث	إ	ض	ع	ت	ا	ا	ن	ص	ظ	ظ	م	م
ب	ئ	ؤ	ل	ا	ا	ب	ل	ب	د	ز	ة	ز	ق
ي	ى	ل	ت	ن	ا	و	ل	ا	ل	ط	ع	ا	م
ظ	ؤ	م	ئ	ز	ر	ى	د	ى	ي	إ	ر	ش	ئ

مئزر
وعاء
عيدان
أكواب
طعام
الشوك
مجمد
شواية
جرة
إبريق

غلاية
سكاكين
منديل
فرن
وصفة
ثلاجة
توابل
إسفنج
الملاعق
لتناول الطعام

58 - Art Supplies

ا	ف	ذ	ن	ث	م	ئ	ط	ر	ت	أ	ئ	ا	أ
ؤ	ل	ر	ة	م	ظ	ظ	ا	ا	ز	ك	ت	ل	ل
ر	ق	أ	ك	ر	س	ي	و	ل	غ	ر	ا	ح	و
ف	ج	غ	ف	ح	م	ك	ل	أ	ط	ي	ن	ا	ا
ر	ف	ق	ح	ك	د	ك	ة	ل	و	ل	ف	م	ن
د	ق	ر	ك	ة	ا	ا	ص	و	آ	ي	ط	ل	م
ى	ج	ق	ش	ك	ل	ر	م	ا	إ	ك	ا	ر	ا
م	م	ح	ا	ة	ل	إ	غ	ن	خ	ا	ط	ز	ئ
ط	ج	ف	ف	ص	ح	ب	ر	ث	ى	م	ش	ح	ي
ف	ث	ح	ن	و	م	د	م	ت	ظ	ي	ي	غ	ة
و	ر	ق	أ	ق	ل	ا	م	ا	ل	ر	ص	ا	ص
ز	ؤ	ف	ت	غ	ى	ع	ء	خ	ذ	ا	ر	ة	ف
ا	ل	د	ه	ا	ن	ا	ت	ي	ي	ل	ا	ح	ؤ
ر	ي	آ	ج	و	ش	ة	غ	ض	ش	ك	و	غ	إ

أكريليك
فرش
كاميرا
كرسي
فحم
طين
الألوان
إبداع
الحامل
ممحاة

صمغ
الأفكار
حبر
نفط
الدهانات
ورق
أقلام الرصاص
طاولة
ماء
ألوان مائية

59 - Science Fiction

م	م	و	ا	د	ك	ي	م	ي	ا	ئ	ي	ة	ا
ت	س	ت	ق	ن	ي	ة	ة	س	آ	ش	غ	ث	س
ط	ج	ت	ن	و	ى	ص	ق	ي	ن	إ	ز	ا	ت
ر	ظ	ق	ق	ع	ل	ب	غ	ن	ت	ت	ئ	ق	ن
ف	ع	ؤ	ق	ب	ع	ي	د	م	ذ	س	ئ	س	س
ش	و	س	ص	ك	ل	ش	ع	ا	ن	ز	ث	آ	ا
ع	ة	ط	ب	ع	غ	ي	و	ت	و	ب	ي	ا	خ
ا	ر	ا	ئ	ع	ا	ط	ة	و	و	ه	م	ي	ش
ة	ن	ق	ي	ن	م	ف	ز	ه	ح	د	ث	ف	ف
ز	إ	ف	ة	ا	ض	ض	س	م	ج	ي	إ	آ	ا
ز	ئ	ة	ج	ر	ر	ر	ك	ن	ل	ل	ث	خ	ل
ع	ت	ف	ى	ا	ل	ر	و	ب	و	ت	ا	ت	ك
ز	ل	ج	ض	ذ	ر	ي	ك	ح	ف	ذ	ر	ن	ت
ة	م	ئ	ف	ا	و	ى	ب	د	ث	ج	ت	ل	ب

مستقبلية
وهم
وهمي
غامض
وحي
كوكب
الروبوتات
تقنية
يوتوبيا

ذري
الكتب
مواد كيميائية
سينما
استنساخ
بعيد
انفجار
متطرف
رائع
نار

60 - Kindness

إ	ؤ	ص	ش	خ	د	ة	ة	ئ	ك	ز	ي	غ	ع
ذ	ط	ذ	ط	ع	د	ي	ث	ص	ف	ذ	غ	ص	ل
ل	د	إ	ذ	م	ض	ي	ا	ف	ه	م	ش	ي	ط
ك	ز	م	ي	ت	ق	ب	ل	ا	ل	ص	ض	ا	ي
ي	ض	ر	آ	س	م	و	ث	و	ق	ب	ه	ا	ف
ل	ا	ع	ر	ا	ف	ى	غ	م	ط	و	ز	ح	م
ط	ح	ت	ر	م	ف	د	ن	ف	م	ر	ف	خ	ث
ئ	ي	ن	خ	ح	ل	ع	إ	ي	د	ح	م	س	ف
ل	ص	س	آ	ن	ي	غ	ت	د	ا	أ	ت	ش	س
م	غ	ؤ	ث	و	و	م	ف	خ	ظ	ش	ص	ر	ن
ق	ش	ظ	غ	ن	د	ك	م	ت	ا	ق	ا	ل	م
م	ح	ب	ك	ر	ي	م	ش	س	ع	ي	د	ئ	ي
م	ن	ت	ب	ه	ش	م	ض	ئ	ا	إ	ق	و	ض
ي	ب	ح	إ	ز	غ	ب	ش	ر	خ	ض	خ	غ	ض

حنون
منتبه
رحيم
ودي
كريم
لطيف
أصلي
سعيد
مفيد

صادق
مضياف
محب
صبور
تقبلا
موثوق بها
محترم
متسامح
فهم

61 - Airplanes

إ	د	ظ	ص	س	ل	س	ب	آ	ن	ؤ	م	ن	ع
ك	ر	ح	م	ث	ص	ن	ق	ن	ش	د	ش	ف	ظ
ن	ع	ا	ر	د	ة	ن	ع	ظ	ض	ض	ه	ظ	غ
ق	ء	ع	ا	ط	ت	ق	ض	د	و	ق	و	ث	ج
ر	ص	ث	و	ل	و	ق	ق	ة	ر	م	ا	غ	م
ا	إ	ع	ح	ي	ت	إ	ن	ة	ا	ة	ء	ج	و
ك	ط	م	ي	م	ص	ت	ل	ا	إ	ه	ج	ا	ت
ب	ا	ه	ا	ج	ت	ا	ل	إ	ي	ظ	ص	ث	ف
ا	ق	ب	ا	ض	ظ	ت	ا	د	إ	ا	خ	ص	خ
ل	م	ش	ص	ب	ا	ن	ر	ق	ن	ط	و	ب	ه
و	ب	ا	ل	ر	ع	و	ت	ث	ك	ق	ض	ز	ص
ن	ض	ش	ي	ن	ج	س	ف	ل	و	ر	ا	ي	ط
خ	ع	خ	ك	ي	ي	ز	ا	إ	ق	م	ب	ت	س
و	ء	ا	ن	ب	ط	ح	ع	ك	ؤ	ط	ل	خ	ئ

وقود
ارتفاع
التاريخ
هيدروجين
هبوط
راكب
طيار
مراوح
سماء

مغامرة
هواء
بالون
بناء
طاقم
اصل
التصميم
اتجاه
محرك

62 - Ocean

ق	ع	ع	خ	ق	ذ	ك	أ	ن	و	م	ج	ج	س
ث	ا	ك	ث	ر	م	ة	خ	ظ	ظ	خ	ج	د	ل
ا	ط	ر	ث	ش	إ	ى	ط	ي	ى	ج	م	ة	ح
ع	إ	ى	ب	ث	م	ظ	ب	ظ	ت	ة	ا	ث	ف
ا	ئ	ا	غ	ع	غ	ح	و	ت	و	ف	س	إ	ا
ص	ل	ش	ط	ب	ة	ث	ط	ن	ن	ت	ع	غ	ة
ف	أ	م	و	ا	ج	ذ	ا	د	ة	ئ	م	ؤ	ح
ة	ن	آ	ر	ن	ن	د	و	ل	ف	ي	ن	ط	ذ
إ	س	ف	ن	ج	ض	ف	إ	ج	م	ب	ر	ي	م
س	م	ك	س	ح	ا	ل	ط	ح	ا	ل	ب	ى	ل
ؤ	ح	ا	ر	ص	ة	ن	ذ	ر	ؤ	ل	ى	آ	ح
ط	ا	ح	ط	ا	ل	م	د	و	ا	ل	ج	ز	ر
ض	ر	ي	ا	د	ر	ل	د	ؤ	ق	ظ	ض	ش	ق
ش	ئ	ق	ن	د	ي	ل	ا	ل	ب	ح	ر	غ	ي

ملح
قرش
جمبري
إسفنج
عاصفة
المد والجزر
تونة
سلحفاة
أمواج
حوت

الطحالب
قارب
المرجان
سرطان
دولفين
ثعبان
سمك
قنديل البحر
أخطبوط
محار

63 - Birds

ل	غ	ز	ي	ب	ا	ا	ع	ا	خ	خ	ة	ز	إ
ع	ج	ؤ	د	ط	ى	ل	خ	ص	غ	ض	م	غ	م
ت	ا	ض	غ	ة	ن	ب	ط	غ	ف	إ	ة	ب	ظ
ة	ل	ح	ر	إ	ع	ط	و	ب	ه	و	إ	ص	ب
ي	د	ج	ا	ج	ا	ر	ق	ع	ي	ز	ر	ى	ب
ب	خ	غ	ب	ز	م	ي	ا	ى	ر	ض	ض	ض	غ
ج	ف	آ	ح	ظ	ة	ق	ن	ن	و	و	ة	ؤ	ا
ع	ؤ	ا	ل	ب	ج	ع	ج	إ	ن	ح	ا	م	ء
ة	ا	ل	ل	ق	ل	ق	ة	ا	ع	ي	ل	ق	ص
ب	ز	و	ى	آ	ع	و	ا	ل	ك	ن	ا	ر	ي
ذ	ح	ق	ف	ص	ي	ك	خ	ى	غ	س	و	ح	ز
ؤ	إ	و	ل	ئ	ب	ز	ث	س	و	ر	ى	ر	ف
ح	ة	ا	ل	ط	ا	و	و	س	ر	و	ئ	م	س
غ	ج	ق	ظ	إ	ج	ل	ب	ك	ئ	ي	ة	ز	ك

الكناري
دجاج
غراب
الوقواق
بطة
نسر
بيضة
نحام
إوز
نورس

هيرون
نعامة
ببغاء
الطاووس
البجع
البطريق
عصفور
اللقلق
بجعة
طوقان

64 - Art

ش	س	ن	و	ص	ب	ض	ؤ	ل	و	ح	ا	ت	غ
ش	خ	غ	ل	ا	ص	ل	ظ	ى	ا	ل	ش	ك	ل
ك	ي	ص	ت	د	ر	ذ	س	ط	س	ط	ي	و	م
آ	ز	ا	ي	ق	ي	ض	ك	س	ف	ف	ظ	ي	ؤ
أ	ص	ل	ي	إ	د	ز	ق	ن	إ	ق	د	ن	غ
ت	ش	ش	إ	ر	ع	إ	ض	ن	إ	ط	ز	غ	ت
إ	ز	ش	ق	ؤ	إ	ت	ر	ك	ق	ن	ق	ا	ص
ش	ش	إ	ج	ذ	ب	غ	م	ش	ر	ص	ا	خ	و
إ	م	و	ض	و	ع	ح	ز	غ	ب	س	ي	ط	ي
ل	ب	ر	و	ز	ح	ؤ	ع	ز	م	ز	ا	ج	ر
ع	ن	ر	ك	ا	ل	ن	ح	ت	ا	ش	ة	ت	س
ا	ل	ت	ع	ب	ي	ر	ل	خ	ج	ع	ش	ة	ث
س	ي	ر	ا	م	ي	ك	ل	ك	ى	ر	خ	ز	ح
ا	ل	س	ر	ي	ا	ل	ي	ة	ق	م	م	ض	ا

سيراميك
مركب
تكوين
التعبير
الشكل
صادق
ربما
مزاج
أصلي
لوحات

شخصي
شعر
تصوير
النحت
بسيط
موضوع
السريالية
رمز
بصري

65 - Nutrition

ص	ا	ل	ح	ل	ل	أ	ك	ل	س	س	م	إ	ث
ح	ل	م	ؤ	م	ي	آ	ى	د	م	و	ت	ي	ض
ي	ص	ص	ئ	خ	ي	ج	ز	ط	ق	ا	و	ز	ن
ئ	ح	ش	ة	ز	ذ	ش	ؤ	ر	م	ئ	ا	ل	ت
د	ة	إ	ع	ز	ن	ن	ا	ق	ب	ل	ز	ع	د
ا	ب	ث	ي	و	ج	ل	ك	ظ	آ	ن	ن	ك	ل
ل	ق	ه	ض	م	ح	و	ك	ف	م	ج	ت	ذ	ص
ع	ق	ف	ي	ت	ا	م	ي	ن	ر	ن	و	ظ	ث
ا	ل	ك	ر	ب	و	ه	ي	د	ر	ا	ت	د	ك
د	ك	ة	ب	ئ	خ	ط	ف	ة	غ	ل	خ	ع	ة
ا	ل	ب	ر	و	ت	ي	ن	ا	ت	م	م	إ	ت
ت	ي	ش	ت	ح	س	ث	ك	ح	ح	غ	ي	ط	إ
ة	خ	ب	د	ئ	آ	ش	ه	ي	ة	ذ	ر	و	ت
ت	د	ج	ن	و	ت	ا	ة	ج	ؤ	ي	ج	ث	ئ

الصحة
صحي
سوائل
المغذي
البروتينات
جودة
صلصة
سم
فيتامين
وزن

شهية
متوازن
مر
الكربوهيدرات
حمية
هضم
صالح للأكل
تخمير
نكهة
العادات

66 - Hiking

ث	ل	ؤ	و	ر	ص	خ	ا	ج	ب	ل	ج	ر	ف
ا	ل	م	خ	ا	ط	ر	ل	ث	ق	ي	ل	ح	ذ
ت	ل	ق	ص	ص	ب	ي	ح	ا	ث	ن	ع	ج	إ
ج	أ	ح	ذ	ي	ة	ط	ج	ر	ؤ	ح	ل	ذ	ص
ا	ا	آ	ي	ز	ؤ	ة	ا	ث	و	س	ن	ى	ئ
ه	غ	ل	إ	و	ا	خ	ر	ض	ر	ت	س	ر	ا
ى	ا	ط	ب	س	ا	س	ة	ث	خ	خ	ل	ش	ر
خ	ط	ب	ي	ع	ة	ن	ب	ر	ي	ي	ق	ج	ا
س	ع	ح	ج	ت	و	ة	ا	س	ط	ي	م	ظ	ص
م	ا	ء	ش	م	س	ض	ص	ت	ض	م	ة	ر	ظ
آ	ق	ث	ع	ظ	ص	ز	ح	م	ت	ع	ب	ج	ح
ا	ل	ح	د	ا	ئ	ق	ص	ئ	ن	ى	و	ل	د
ت	ح	ض	ي	ر	ة	ث	ش	ب	ص	ا	س	ؤ	خ
م	ض	ض	آ	ط	ة	و	و	ت	إ	م	خ	إ	ي

الحيوانات
أحذية
تخييم
جرف
مناخ
المخاطر
ثقيل
خريطة
البعوض
جبل

طبيعة
اتجاه
الحدائق
تحضير
الحجارة
قمة
شمس
متعب
ماء
بري

67 - Professions #1

ج	م	خ	س	ب	ث	ض	ر	إ	ص	ع	ص	ع	ئ
ي	ح	ة	ف	غ	ذ	ة	ق	ا	ا	ر	ى	ل	ن
و	ر	خ	ي	ص	ث	ن	ئ	ز	ض	ر	م	م	ط
ل	ر	ي	ر	ط	ق	غ	ف	إ	إ	ا	ي	ح	ب
و	د	ا	ي	ص	ع	ا	ل	س	ط	ق	ط	ا	ي
ج	ة	ط	ج	ب	ل	ة	ك	و	ث	ص	ب	م	ب
ي	ر	ا	ح	ب	م	ح	ي	آ	م	ة	ي	ن	ظ
ص	ز	خ	ي	م	ا	ح	م	د	ض	ى	ب	ر	ى
ك	د	ا	س	م	ل	ع	ر	ف	خ	ت	ب	ش	خ
ق	ن	س	ئ	ل	ن	ب	ذ	ز	س	ك	ي	ة	ك
و	ب	ض	و	ة	ف	ل	ث	ب	س	ئ	ط	ف	ج
ا	ع	ك	ا	ب	س	ل	آ	ش	ز	س	ر	غ	ش
ث	ص	ق	ر	ي	ف	ر	ص	م	ط	م	ي	ط	ق
و	ط	و	ب	ئ	ط	ئ	ا	ر	خ	ا	م	س	ر

صياد
صائغ
محام
ممرض
عازف البيانو
سباك
علم النفس
بحار
خياط
طبيب بيطري

سفير
فلكي
محامي
مصرفي
رسام خرائط
مدرب
راقصة
طبيب
محرر
جيولوجي

68 - Dinosaurs

آ	ا	ب	ح	ج	م	ت	ئ	م	ة	ح	ج	ث	ؤ
ذ	ك	ل	و	ش	غ	ض	ؤ	ج	ح	ذ	ض	ذ	ث
ي	ن	ل	ح	د	ق	ذ	ا	ل	أ	ن	و	ا	ع
ل	ض	ج	ة	ف	إ	ة	ل	ط	ج	ث	ش	ص	خ
ئ	خ	ا	ن	ا	ر	ع	ز	ث	ن	ا	إ	ف	س
ظ	ي	ك	أ	ا	ل	ي	و	ع	ح	م	غ	س	ع
ك	ب	ي	ر	خ	ت	ل	ا	ى	ة	ح	ق	ن	ئ
ى	ح	ا	ض	ت	ر	إ	ح	ت	ط	و	ر	ص	ا
ئ	ض	ل	آ	ف	ب	ا	ف	و	ب	س	ت	و	ف
ة	خ	م	ح	ا	م	ش	ب	غ	م	ق	ظ	ج	ر
ى	م	ا	ك	ء	ع	ح	ت	ت	غ	و	ح	ش	ي
آ	ب	م	ف	ظ	ص	ث	ح	ت	و	ي	ح	ن	س
ي	ظ	و	و	ض	ك	ك	ف	ب	ش	ر	ص	ب	ة
ش	خ	ث	ق	ب	ل	ا	ل	ت	ا	ر	ي	خ	ح

اختفاء
أرض
ضخم
تطور
الحفريات
كبير
الماموث
آكلة اللحوم
قوي

قبل التاريخ
فريسة
رابتور
الزواحف
بحجم
الأنواع
ذيل
وحشي
أجنحة

69 - Barbecues

د	ج	ا	ج	ط	ا	ص	ح	ا	ب	ض	ض	ك	ر
خ	و	ز	ل	إ	م	ا	ل	س	ل	ط	ا	ت	ع
غ	ع	خ	ت	ش	و	ا	ي	ة	م	ل	ح	ف	ش
ة	ج	خ	ق	ز	و	ؤ	ط	ف	ا	ك	ه	ة	ا
ط	د	و	و	ع	ا	ك	أ	م	إ	ص	م	ة	ء
ر	ع	ق	ش	خ	ت	ن	س	ك	ا	ك	ي	ن	ث
غ	ح	ا	ك	س	خ	ض	ر	و	ا	ت	ذ	إ	ب
ش	ظ	ل	م	ف	غ	ج	ة	ن	خ	ذ	ق	ش	ض
ز	ذ	أ	ة	ص	ل	ص	ة	آ	ؤ	إ	ا	ت	ك
ظ	س	ط	و	ى	ى	ف	ؤ	ش	ؤ	ض	ئ	ن	ع
ش	ة	ف	و	ؤ	م	ج	م	ص	ب	ى	ح	ا	ر
ن	ل	ا	ض	م	ي	ج	ع	ب	ق	ة	ر	ج	ك
ز	ف	ل	م	و	س	ي	ق	ى	أ	ل	ع	ا	ب
ج	ص	ي	ت	ص	ي	ف	آ	ع	ف	ض	غ	ج	ن

دجاج
الأطفال
عشاء
أسرة
طعام
الشوك
اصحاب
فاكهة
ألعاب
شواية

حار
جوع
سكاكين
موسيقى
السلطات
ملح
صلصة
صيف
طماطم
خضروات

70 - Surfing

ن	ق	و	ة	ؤ	ظ	م	ع	ب	ن	س	ط	ق	ا
ع	م	ش	ا	ط	ئ	ت	ف	ل	ر	ف	ي	ض	ل
خ	ح	ط	ل	ك	ج	ط	ت	ع	ا	ز	ط	ع	ح
ة	ي	ح	ف	ش	ث	ر	ا	ا	د	ف	ت	آ	ش
ث	ط	غ	ف	س	ض	ف	ص	خ	ش	ق	ج	ش	و
ن	ظ	ك	ث	ى	ج	ك	ا	ل	م	ع	د	ة	د
و	غ	ئ	و	د	ش	ق	ت	ؤ	ح	م	ب	ج	م
ي	م	إ	ى	ش	إ	ح	و	م	ي	ب	ف	ي	و
ل	ل	س	ب	ا	ح	ة	ط	ظ	ث	ت	ر	ك	ج
ب	د	ذ	ر	ي	ض	س	ر	ع	ة	د	م	ح	ة
ع	ؤ	ة	غ	ر	ل	ر	ش	ي	و	ئ	ر	ط	ب
ظ	ح	ش	و	م	ج	د	ا	ف	ا	ا	ح	ق	ط
ص	م	د	ة	ت	ش	ث	ة	س	ح	ض	س	س	ل
ح	ر	ع	ث	ؤ	ا	ك	ؤ	غ	ش	ت	ي	ض	ث

رياضي
شاطئ
مبتدئ
بطل
الحشود
متطرف
رغوة
مرح
محيط
مجداف

شعبي
سرعة
رش
المعدة
قوة
نمط
للسباحة
موجة
طقس

71 - Chocolate

و	ج	ن	خ	ج	ذ	غ	ر	ظ	ا	م	ك	ح	ج
ص	ص	ح	ل	و	ي	ا	ت	ة	ل	ض	ر	ل	و
ف	ن	س	ذ	د	م	ض	ت	ج	ع	ا	ا	و	ز
ة	ا	ا	ي	ة	ي	ف	ث	ى	ن	د	م	ز	ا
ج	ش	ظ	ذ	خ	ل	ق	ح	د	ص	ل	ي	ص	ل
س	ش	ل	ا	ل	م	ذ	ا	ق	ر	ل	ل	ل	ه
ئ	ب	ح	ل	ل	و	ك	ش	ى	ض	أ	و	م	ن
ك	ب	ز	س	ر	ك	ؤ	ل	ا	ب	ك	ف	ف	د
غ	ذ	ص	ك	ف	ط	ا	ظ	س	ش	س	د	ض	ط
خ	ع	ى	ر	خ	ك	ل	ك	ؤ	ى	د	س	ل	ئ
م	س	ح	و	ق	ع	ح	ذ	ا	ذ	ة	ن	ق	ش
غ	ر	ي	ب	ك	ل	ر	ظ	آ	و	ن	ك	ه	ة
ب	ش	ر	ض	م	ر	ف	ع	ظ	ص	د	د	ت	د
ع	ض	ج	ا	ك	ص	ي	ج	ب	ث	ث	ح	ن	س

مفضل
نكهة
العنصر
مسحوق
جودة
وصفة
السكر
حلو
المذاق

مضاد للأكسدة
الحرفي
مر
الكاكاو
حلويات
كراميل
جوز الهند
لذيذ
غريب

72 - Vegetables

ئ	ط	ذ	ص	ط	ض	د	س	ق	ح	غ	ع	د	ك
ش	ة	ؤ	ز	م	م	خ	ي	ا	ر	غ	ح	ذ	ا
س	ل	ط	ة	ر	ي	ا	ل	ك	ر	ا	ث	ظ	ج
ى	م	ى	ت	ب	ق	إ	ط	ب	ا	ز	ل	ا	ء
ف	ج	ل	ن	ف	ط	ر	ح	م	ب	ص	ل	م	ع
ع	ز	ؤ	ت	ض	ي	ك	ن	ر	ع	ل	م	س	م
ص	ب	ق	د	و	ن	س	ر	ب	ر	و	ك	ل	ي
ب	ا	ذ	ن	ج	ا	ن	خ	ف	ي	إ	ث	ن	ل
ظ	إ	ر	ة	ج	ج	ز	ر	غ	س	ط	و	ج	ض
ج	ض	ز	ك	ز	ئ	ن	ش	ذ	ع	ت	م	ل	د
ش	ك	ص	ط	ؤ	ى	ج	و	م	ذ	خ	ق	س	ك
س	ب	ا	ن	خ	ف	ب	ف	ى	ؤ	غ	ن	ة	ج
س	ظ	ث	ر	ط	ف	ي	ب	ض	ف	ع	ص	آ	ط
ل	ف	ت	ت	د	آ	ل	ؤ	ص	ؤ	ع	ة	س	إ

خرشوف
بروكلي
جزر
قرنبيط
كرفس
خيار
باذنجان
ثوم
زنجبيل
فطر

بصل
بقدونس
بازلاء
يقطين
فجل
سلطة
الكراث
سبانخ
طماطم
لفت

73 - Boats

م	م	ح	ر	ك	ج	ع	آ	ط	ن	ل	س	ت	إ
ر	ر	ش	ف	ر	ش	ي	ظ	ص	ا	ط	ف	ب	ا
س	ب	ك	ج	ك	ي	د	ن	ه	ر	ق	ح	ت	ئ
ا	ا	ر	ب	ذ	ق	ؤ	ع	ل	ع	ك	م	ب	ش
ة	ل	ل	ص	ش	ة	ص	ا	ب	و	ا	ؤ	ن	ي
ظ	ع	ب	ح	ي	ر	ة	ى	ح	ا	ي	ي	ر	و
ة	ب	ح	ر	خ	ف	ا	ي	ا	م	ا	ش	ز	ي
آ	ا	خ	خ	ت	س	ل	ع	ر	ة	ك	ي	ح	س
غ	ر	خ	ذ	ر	ب	ز	س	ي	م	ح	ي	ط	م
ج	ة	ش	د	ت	ح	و	ع	ث	غ	م	ؤ	و	ا
ر	ؤ	ع	ى	ط	ر	ر	غ	ك	ك	ئ	خ	ف	ة
ة	ت	ق	ع	ت	ي	ق	ز	آ	ح	ق	ة	م	ث
ر	ق	ا	ر	ب	ن	ج	ا	ة	ب	ئ	د	ل	ي
س	ا	ر	ي	ة	د	ة	ي	ب	ل	ى	خ	ط	ؤ

سارية
بحري
محيط
طوف
نهر
حبل
مركب شراعي
بحار
بحر
يخت

مرساة
عوامة
الزورق
طاقم
رصيف
محرك
العبارة
كاياك
بحيرة
قارب نجاة

74 - Activities and Leisure

ت	ت	ب	ي	ض	ل	ا	ل	ه	و	ا	ي	ا	ت
ن	ص	ي	ى	ن	ط	ل	ص	ظ	ا	ف	ا	ص	ا
س	ف	س	ز	ز	ؤ	ل	خ	ج	ق	ك	د	ي	ل
د	ح	ب	ا	ف	ج	و	ل	ف	ي	ل	ل	د	ا
ة	آ	و	ن	خ	ا	ح	إ	ل	د	م	ط	ا	س
ث	ا	ل	ى	ك	ر	ة	ا	ل	ق	د	م	ل	ت
م	ل	ا	ك	م	ة	ت	ا	ل	غ	و	ص	س	ر
ا	ت	ة	د	ؤ	ح	ف	خ	ح	ؤ	ئ	ب	م	خ
ل	س	ب	ا	ح	ة	ف	ن	ي	إ	ي	ئ	ك	ا
ر	و	ن	ف	ا	ب	ظ	و	ى	ي	غ	ب	ر	ء
خ	ق	ق	ج	ل	ن	ر	ئ	ؤ	ن	م	س	غ	ح
ئ	ل	إ	ن	س	ب	ا	ق	غ	ج	ن	ت	ض	س
ع	ش	و	ط	ف	آ	ح	ك	ل	خ	ة	ن	ي	خ
ى	ق	م	ك	ر	ة	ا	ل	س	ل	ة	ة	ل	ر

فن
بيسبول
كرة السلة
ملاكمة
تخييم
الغوص
صيد السمك
بستنة
جولف
الهوايات

اللوحة
سباق
الاسترخاء
التسوق
كرة القدم
تصفح
سباحة
تنس
السفر

75 - Driving

ت	م	ف	ت	ف	ح	ز	ئ	ك	ط	ش	د	غ	ك
ذ	ح	ظ	ئ	غ	ا	ز	ز	ر	ق	ر	س	ر	ر
ؤ	ر	خ	ص	ة	د	ع	ئ	ث	غ	ط	ي	خ	ا
س	ك	ب	ت	ي	ث	و	ع	ق	ق	ة	ا	ق	ج
س	ا	أ	ف	ر	ا	م	ل	خ	ط	ر	ر	ح	د
ر	ن	ئ	م	ع	ث	ش	س	ع	غ	ا	ة	ل	ر
ع	ا	ت	ق	ن	ف	ق	س	ك	ب	ث	غ	ص	ا
ة	غ	ت	ا	س	ت	ح	ل	ق	ى	آ	ج	ى	ج
ط	ة	خ	ل	ت	ا	ح	ذ	ل	إ	ي	ظ	ض	ة
ج	ج	ز	م	و	غ	ي	و	ى	ل	ك	ي	ظ	ن
و	ز	ظ	ش	ا	ح	ن	ة	خ	ر	ي	ط	ة	ا
ق	ي	غ	ا	ز	ص	ا	ك	ث	غ	ى	ج	ظ	ر
و	ن	ق	ة	خ	ث	س	ذ	م	ؤ	ز	ؤ	ق	ي
د	ح	ر	ك	ة	ا	ل	م	ر	و	ر	ط	و	ة

حادث
فرامل
سيارة
خطر
سائق
وقود
كراج
غاز
رخصة
خريطة

محرك
دراجة نارية
المشاة
شرطة
طريق
أمن
سرعة
حركة المرور
شاحنة
نفق

76 - Professions #2

ح أ ث ب ي ف ح ص ر و ص م ل ا
ى م ر س ع ر ت خ م ط ؤ د غ ط
ض ي ا ت د ش ا م ط ب ث ر و س
ة ن ئ ا ا ع ى ب ش ي ر س ي ص
ت ا د ن إ ن ي أ ق ب ض ف ظ ك
ؤ ل ف ي ئ ب س ح ع أ ث ح ا ب
ط م ض ف س و ل ي ف س د ن ه م
ي ك ا ض ظ ص ذ ا ك ن ه س ى ز
ا ت ء ى ط ش ج ئ ت ا ا ض ش ا
ر ب ج س ؤ ئ ر ي ذ ن ن و ص ر
ز ة ح ا ؤ غ ا س ك ك ي آ ى ع
غ ا ة ب ق ق ح م إ ر د م ل ج
ق ذ ش ن ا و ي ح ل ا م ل ا ع
ن ف ن ؤ ش ن ئ ر خ ر آ ظ ي ث

أمين المكتبة
لغوي
دهان
فيلسوف
طبيب
طيار
باحث
جراح
مدرس
عالم الحيوان

رائد فضاء
أحيائي
طبيب أسنان
محقق
مهندس
مزارع
بستاني
المصور
مخترع
صحفي

77 - Emotions

ؤ	ق	ب	ل	ل	م	ر	ل	ك	ي	ج	ب	ه	إ
ح	ق	ط	ط	ج	ي	ا	غ	ب	آ	ا	و	د	ذ
ت	ج	ؤ	ق	ح	ل	ض	د	ن	ض	ب	ف	و	خ
ط	ن	ي	ذ	ن	ب	ظ	ج	ذ	ى	ب	ح	ء	ى
إ	خ	ج	ر	ح	م	ي	ع	ن	ل	ا	ن	ث	إ
ف	ق	ف	ق	ص	ت	ل	ض	ى	ش	ز	ا	ى	ظ
ة	ج	ذ	ر	ء	و	د	ه	ل	ا	ت	ن	إ	ل
س	ى	ا	ك	ؤ	آ	ي	آ	ى	ك	ؤ	س	ص	ص
س	ط	س	م	ح	ت	م	إ	ح	ر	م	ل	ق	ك
ا	ب	ك	ن	ر	آ	ص	ط	ة	أ	ج	ا	ف	م
ل	ئ	ي	ي	ل	و	ش	ض	غ	ة	ل	م	ح	د
ل	ؤ	ق	ح	ة	ك	ظ	ذ	ف	ى	ط	ت	ز	د
ط	ظ	ق	م	ئ	ح	ز	و	ث	ر	و	ض	ن	ظ
ف	غ	ل	ف	و	ص	د	إ	ف	ى	ب	و	ك	ي

غضب
النعيم
ملل
هدوء
محتوى
محرج
متحمس
خوف
شاكر
مرح

اللطف
حب
سلام
حزن
راض
مفاجأة
ميل
حنان
الهدوء

78 - Mythology

ص ى ص د ج ا ث ذ ى ل ث ح س ف
ج ت ض ى ن م ئ غ ض ؤ د و ل خ
ذ ت ر ض ذ ا ك خ ح ب ح ق و س
ث ؤ ض م ق ش م د ة ث ر ا ك ح
د ز ش خ ز ع م ض س غ ل ل إ ر
ر ي ظ ل س ي م و ظ آ ا ح ة ت
خ ط غ و ة ر ي غ ل ا ل ش ت و
ل ع آ ق ن ع ت ه ز ن س ح أ م
ق ض ة و ق د ة ه ا ت م ح س ى
ت ا د ق ت ع م ل ا ق ا خ ط ت
ل ث ظ ب ر ا ح م ب ا ء ن و س
ع ب ى ت ى ظ ب ر ط م ج ؤ ر آ
ؤ ج د ة ف ا ق ث ل ب آ إ ة ض
و ر م ذ ؤ س غ ا ز ف س ر ن ف

الغيرة
متاهة
أسطورة
برق
مسخ
مميت
انتقام
قوة
رعد
محارب

سلوك
المعتقدات
خلق
مخلوق
ثقافة
الآلهة
كارثة
السماء
بطل
خلود

79 - Hair Types

ق	ز	ش	غ	ر	أ	ص	ل	ع	ط	ر	ق	ا	ض
ي	ع	ض	س	ن	ق	ح	س	م	ي	ك	ص	ل	خ
ز	ة	غ	م	ض	ض	ي	ق	ض	أ	ب	ي	ض	ى
ع	ر	ض	غ	ؤ	ث	ح	ق	ف	ة	ش	ر	ف	إ
ي	ب	ش	ص	ت	ب	إ	ض	ر	ط	ة	ة	ا	آ
ك	ك	ب	د	ح	ن	ج	م	ل	و	ن	إ	ئ	ث
ؤ	ج	ر	ح	ط	ي	ا	ج	غ	ي	س	و	ر	ض
ل	ض	ي	ى	ل	ع	ف	ع	ك	ل	ع	ك	إ	ل
ق	ا	ط	ث	س	ذ	ح	د	م	م	ظ	ض	ص	آ
إ	م	م	س	ذ	آ	ش	ة	أ	س	و	د	م	غ
ث	ت	ج	ع	ي	د	ا	ل	ش	ع	ر	ك	ا	ق
ر	م	ا	د	ي	ب	ز	ج	ق	ض	ل	ق	ن	ى
ا	و	ك	ش	ك	ئ	ى	م	ر	ة	ن	ض	ذ	ة
ي	ج	ظ	إ	غ	م	ح	ك	ظ	ل	ض	ط	ذ	ل

رمادي
صحي
طويل
لامع
قصيرة
ناعم
سميك
رقيق
متموج
أبيض

أصلع
أسود
أشقر
مضفر
الضفائر
بني
ملون
تجعيد الشعر
مجعد
جاف

80 - Furniture

م	ز	ر	ر	و	ث	آ	ف	ن	آ	ف	س	و	ط
ص	ا	ل	م	ع	ز	و	ن	ص	ز	س	ر	س	ج
ب	ج	ب	ؤ	ض	ظ	ك	ر	س	ي	د	ي	ا	م
ا	ئ	ي	ؤ	ض	م	ف	و	ت	و	ن	ر	د	ش
ح	ع	ب	و	ث	ث	د	و	س	ا	ئ	د	ة	آ
ي	م	ع	ر	خ	إ	ب	ق	ش	ة	ج	ك	ح	ؤ
م	ك	ت	ب	ف	أ	أ	ب	ض	م	ق	ع	د	ب
ض	ل	خ	ل	ئ	ق	ر	س	ت	ا	ئ	ر	س	ا
ب	ك	ا	م	ل	د	ج	ي	خ	ن	ظ	ف	م	ج
ط	ك	ؤ	ى	ق	ث	و	ض	ك	ك	م	و	ث	ى
ب	ى	ئ	ش	ى	س	ح	ذ	ض	ة	د	ف	خ	ض
ا	ل	ا	م	ر	آ	ة	ل	ث	ف	م	ح	ل	إ
ش	ض	ئ	ا	ش	ل	ذ	س	ض	ض	ف	م	ب	آ
س	ج	ا	د	ة	ط	د	ز	د	غ	ز	ن	ئ	ع

سرير
مقعد
كرسي
المعزون
أريكة
ستائر
وسائد
مكتب
مضمد

فوتون
أرجوحة
مصباح
فراش
مرآة
وسادة
سجادة
رفوف

81 - Garden

ن	م	ق	ع	د	ز	د	س	م	ب	ز	ن	ر	آ
آ	ف	ذ	ش	آ	ه	إ	ي	آ	ج	آ	ش	و	غ
ا	ق	ص	ب	ت	ر	ع	ا	ب	ر	ر	ذ	ا	س
ط	ط	ة	ى	ص	ة	و	ج	د	آ	ل	ف	ق	ث
ذ	ض	ظ	س	ل	ل	س	ق	ح	د	ي	ق	ة	ا
ب	م	ا	ل	ت	ر	ا	م	ب	و	ل	ي	ن	ل
إ	و	ص	ب	س	ت	ا	ن	ئ	ظ	و	ص	أ	أ
ل	ك	ج	ط	أ	ش	ع	ل	ا	ل	ن	ا	ر	ع
ي	ر	ج	ب	ب	ئ	خ	و	ص	ج	ط	خ	ج	ش
إ	ا	ح	و	ر	ة	ى	ث	ت	خ	س	ى	و	ا
ة	ج	ط	ش	ك	ف	ؤ	خ	إ	ت	و	ك	ح	ب
ث	ا	خ	ج	ة	ذ	ث	ض	ر	م	آ	ر	ة	ك
ت	آ	ز	ر	م	ع	غ	ت	خ	ؤ	ح	م	ر	آ
س	ب	د	ة	ص	خ	ر	ط	و	م	و	ة	ط	ذ

مقعد
بوش
سياج
زهرة
كراج
حديقة
عشب
أرجوحة
خرطوم
بستان

بركة
رواق
أشعل النار
الصخور
مجرفة
مصطبة
الترامبولين
شجرة
كرمة
الأعشاب

82 - Birthday

ب	ن	م	ت	ف	ا	ل	و	ق	ت	ى	ي	ة	ا
ف	ض	ظ	ق	ص	ر	ل	آ	ز	آ	ف	ب	ل	ل
ة	ل	ز	و	ا	ط	غ	ش	ن	ب	ك	ط	ي	د
آ	ل	ا	ي	ع	ص	ح	ا	م	ج	ق	ا	ت	ع
أ	ة	ح	م	ت	ا	ح	ب	ر	و	س	ق	ع	و
ظ	غ	س	ت	غ	ح	ك	ا	ح	ل	ع	ا	ل	ا
ك	ك	ن	ش	ز	ت	م	ع	ب	د	ي	ت	م	ت
ع	ي	ة	ي	ن	ف	ة	ن	ج	س	د	ل	د	ث
خ	ك	ن	و	ة	ا	ف	ح	م	ض	إ	ع	ق	ج
ا	ل	و	م	ط	ل	ش	إ	خ	د	ث	ن	ؤ	ع
ص	ر	ؤ	ب	ا	ز	ى	ك	ت	ى	ب	ث	د	ظ
ى	ة	ئ	ح	ق	ش	ر	د	ي	ل	ئ	ى	م	ي
ه	د	ي	ة	ر	ت	س	و	ض	ك	ض	د	س	م
ط	ن	ص	ي	ط	م	ح	ؤ	ع	ؤ	ظ	ث	و	س

ولد
كيك
تقويم
الشموع
بطاقات
احتفال
يوم
اصحاب
مرح
هدية

عظيم
سعيد
الدعوات
أغنية
خاص
الوقت
ليتعلم
حكمة
سنة
شاب

83 - Beach

ف ة ل ط ع ل غ م م ح ي ط ل ش
و ئ ص ح ئ ي ك ذ ظ ح ح ع ف ح
ث ر آ ؤ ف ط ن خ ل إ ب ظ س ط
ل ؤ ى ش ن ج آ إ ة ل د ت ل ذ
ا ة م م ر ج غ ب ر ن ك غ ط ك
ص ب س س م ز ا ب خ ل س ف ئ ل
د ن ف ن ط ي ح م ا ق ي ى ك ى
ا ؤ ش ل م ر س ة ح ا ب س ل ل
ف ف ي ص ر ة ف ص ط ر س ا ا آ
ة ص ج ح ق ز ن ع ح ب ا ح أ ق
و ق ش ئ ن ا ط ر س ث ج ل ز ك
ي د آ ك د ي ع ا ر ش ب ك ر م
ط ت ص ل ض ط ر ئ د د ط ى ق ل
م ط ث ة ى ص ن و ج ا ل ظ د ي

أزرق
قارب
ساحل
سرطان
رصيف
جزيرة
لاجون
محيط
مركب شراعي

رمل
صنادل
بحر
اصداف
شمس
للسباحة
منشفة
مظلة
عطلة

84 - Adjectives #1

ا	ى	ب	م	آ	ح	ل	ح	ة	ش	ي	آ	ص	ي
ز	ز	س	ط	ي	خ	ط	ا	ط	د	ر	ة	ا	ر
غ	ن	م	ل	ي	م	ت	ط	ا	ب	ق	ة	د	ش
ر	ق	ي	ق	د	ء	و	ج	ؤ	إ	ض	س	ق	ى
ي	ى	س	ع	ي	د	ك	ح	ش	ئ	ض	ئ	ع	ذ
ب	ح	ب	ط	ؤ	ا	م	ه	م	إ	م	ح	د	ؤ
ا	د	ن	ر	ؤ	ك	ن	ي	د	ة	آ	ج	د	ي
ط	ي	ف	ي	ظ	ن	آ	ح	ج	ط	ر	ذ	ن	ل
ئ	ث	ق	ي	ل	ز	س	غ	ث	م	ا	ا	ف	ح
ذ	و	ق	ي	م	ة	ز	ج	ؤ	و	ي	ب	ن	ث
ذ	ي	ل	ؤ	ت	ي	إ	ج	إ	ح	ا	ل	ي	س
ذ	ك	ظ	ق	إ	د	ى	ؤ	م	ر	ب	د	ي	آ
ث	ؤ	آ	ى	غ	ك	ك	ر	ي	م	ف	ي	د	ف
ق	ة	ث	ئ	ؤ	د	ئ	ئ	ص	و	ا	ز	ز	د

مطلق
طموح
عطري
فني
جذاب
جميل
داكن
غريب
كريم
سعيد

ثقيل
مفيد
صادق
متطابقة
مهم
حديث
جدي
بطيء
رقيق
ذو قيمة

85 - Rainforest

ا	س	ب	ى	ذ	ك	ظ	ة	ل	ي	د	ف	ت	ش
ل	ح	آ	ؤ	ل	ك	ط	ي	ر	م	ي	غ	ع	آ
أ	ا	ت	ن	و	ع	غ	ا	ل	ح	ش	ر	ا	ت
ن	ب	ف	ر	ط	ح	ل	ب	ل	ح	ظ	ر	ض	ف
و	م	ن	ب	ا	ت	ي	ب	ا	غ	م	ل	ج	أ
ا	ن	ل	ب	ؤ	م	ف	و	س	ع	ا	ط	غ	أ
ع	ا	ع	ة	ح	ا	ط	ث	ت	س	ل	ب	ط	ص
ب	خ	ت	ظ	خ	ى	ج	ن	ع	ئ	ث	ي	ة	ل
ح	ش	ظ	ق	ؤ	ث	ح	ن	ا	ب	د	ع	ذ	ي
ا	ل	ط	ي	و	ر	ف	ج	د	ف	ي	ة	و	ق
ؤ	ب	ن	ع	ص	ت	ظ	ا	ة	س	ي	غ	ق	آ
ق	و	ش	ت	ط	ث	ا	ة	ض	ا	ا	خ	ي	د
ا	ل	ب	ر	م	ا	ئ	ي	ا	ت	ت	ئ	م	ق
ت	ز	ض	ز	ذ	ق	م	ذ	ث	آ	ش	و	ة	ف

البرمائيات
الطيور
نباتي
مناخ
سحاب
ملة
تنوع
أصلي
الحشرات
الغابة

الثدييات
طحلب
طبيعة
حفظ
ملجأ
احترام
استعادة
الأنواع
نجاة
ذو قيمة

86 - Technology

ا	ل	ح	ا	س	و	ب	ر	م	ج	ي	ا	ت	ك
ل	ف	ي	ر	و	س	ب	ق	ل	ب	ن	ض	د	ا
م	ن	ت	ح	ض	ب	ذ	ى	ئ	ض	غ	ي	ظ	م
ت	س	ق	ر	ة	ش	ذ	ت	ز	ع	ح	ج	ز	ي
ص	ز	ة	ن	ا	ك	ع	ع	ق	س	ت	إ	ك	ر
ف	ر	ق	م	ي	ض	س	إ	ف	ث	ظ	ل	ذ	ا
ح	ا	ض	ر	م	ف	ي	س	ي	ي	ؤ	ع	و	ي
ل	ل	ص	س	ذ	ذ	ا	ة	م	ب	م	ق	خ	إ
د	ب	ر	ي	ش	آ	ى	إ	خ	ش	ب	أ	م	ن
ج	ي	س	م	د	و	ن	ة	ط	ئ	ا	إ	ز	ت
آ	ا	ا	ل	إ	ح	ص	ا	ء	ؤ	ي	ش	س	ر
ل	ن	ل	ف	ب	ح	ث	ع	ر	ض	ت	ن	ة	ن
ى	ا	ة	ت	ؤ	ح	ا	ل	م	ؤ	ش	ر	ذ	ت
ن	ت	ذ	ل	ؤ	س	ن	ج	ت	ي	ب	ف	ا	ح

مدونة
المتصفح
بايت
كاميرا
الحاسوب
المؤشر
البيانات
رقمي
عرض
ملف

خط
إنترنت
رسالة
بحث
شاشة
أمن
برمجيات
الإحصاء
افتراضية
فيروس

87 - Landscapes

إ	ع	ك	ل	ة	ص	إ	ئ	ؤ	غ	ص	س	ف	ل
و	ذ	ه	خ	ن	ز	ح	ك	و	ب	ح	ي	ر	ة
ئ	ا	ف	ا	ص	ب	ر	ك	ا	ن	ر	ل	ئ	و
إ	ؤ	ح	ب	م	ب	ج	م	د	ص	ا	ن	ط	ض
ت	ر	ا	ة	ت	ح	ش	ث	ي	إ	ء	ه	ي	آ
إ	ش	ت	ن	د	ر	ا	ل	ج	ز	ي	ر	ة	خ
خ	ة	ل	ك	آ	ي	ن	ج	ب	ل	ش	ل	ا	ل
ش	ب	ه	ج	ز	ي	ر	ة	ل	آ	ا	ث	ع	ز
س	م	س	ت	ن	ق	ع	إ	ج	ؤ	ط	ب	ث	و
م	خ	ج	و	ل	ك	ا	ز	ل	ق	ئ	ص	خ	ر
ط	ح	ا	ظ	ي	ص	ل	ؤ	ي	خ	ق	خ	ع	ش
ر	ث	ي	ن	ر	ي	ئ	ة	د	ك	ة	ي	ع	د
ف	ق	م	ط	ع	ة	ق	آ	ظ	ذ	ي	ر	ع	ط
ت	ذ	ق	م	ص	ذ	ق	ص	ف	ة	ل	ث	إ	ل

شاطئ
كهف
صحراء
سخان
مثلجة
تل
جبل جليد
جزيرة
بحيرة
جبل

واحة
محيط
شبه جزيرة
نهر
بحر
مستنقع
تندرا
وادي
بركان
شلال

88 - Visual Arts

خ	ق	ظ	ة	ط	ظ	ا	ل	ل	و	ح	ة	ق	ق
ه	ي	خ	ب	ب	ي	ل	ز	ص	آ	ا	ؤ	ل	د
ن	ث	ث	ت	ا	م	ن	ظ	و	ر	م	د	م	ش
د	و	ش	و	ش	ف	ح	م	ر	ك	ل	ص	ث	م
س	ل	ر	ب	ي	ؤ	ت	ي	ة	ف	ي	ل	م	غ
ة	ع	ث	ن	ر	ا	ل	ف	خ	ا	ر	ا	ع	ط
م	ظ	إ	ح	ي	ب	ا	ا	ز	ل	ت	خ	غ	ر
ع	ئ	ط	ي	خ	ش	ت	ن	ك	ش	آ	ى	ئ	ج
م	ع	و	ل	ل	ة	ى	س	ش	م	ص	ض	م	ح
ا	ل	إ	ب	د	ا	ع	ت	آ	ع	ت	ظ	ذ	ظ
ر	ى	ى	ق	ق	ز	ت	ك	ض	ع	د	ح	ب	ش
ي	ك	ع	ل	ت	ب	ر	و	خ	ر	غ	ز	ف	ذ
ة	ص	ز	و	ت	ز	س	ي	س	ف	ن	ا	ن	ة
ئ	م	ز	ح	ط	ك	ى	ن	ب	ح	د	ص	ذ	ذ

هندسة معمارية
فنان
طباشير
فحم
طين
تكوين
الإبداع
حامل
فيلم

تحفة
اللوحة
قلم
منظور
صورة
الفخار
النحت
ورنيش
الشمع

89 - Plants

ع	ا	ي	ل	و	ص	ا	ف	ط	و	ب	م	ا	ب
ل	ل	ظ	ى	ب	ة	ح	ئ	د	ا	م	س	ي	ا
م	ن	ؤ	ا	ع	ط	ظ	ح	ع	ل	ب	ل	ح	ط
ا	ب	ر	إ	ى	د	آ	و	ق	ج	ي	ذ	غ	ض
ل	ا	ش	ب	ز	د	ت	ي	غ	ذ	ر	ب	ز	ر
ن	ت	ج	ه	ة	ؤ	ؤ	ي	ج	ع	ي	آ	ه	ر
ب	ي	ر	ذ	ج	ح	ئ	ر	غ	ي	ف	غ	ر	ت
ا	ة	ة	ل	ت	ب	ل	ا	ت	ة	م	ح	د	ح
ت	ط	ض	ب	ا	ل	ب	ل	ج	ئ	ل	خ	ى	ا
ت	ب	ن	و	ق	ة	ق	ي	د	ح	غ	ت	ؤ	ت
ى	ر	ج	ش	ل	ا	ق	ا	ر	و	أ	ى	ق	ث
إ	ع	ة	ئ	ع	ر	ئ	ة	ش	ش	ن	ر	ر	إ
ن	ث	و	غ	ل	ى	م	ش	ص	س	ا	ا	ص	ز
ب	ك	إ	ن	ت	ض	آ	ك	ر	ر	ل	ك	ض	ى

أوراق الشجر
غابة
حديقة
لبلاب
طحلب
البتلة
جذر
الجذعية
شجرة
نبت

بامبو
فاصوليا
بيري
زهر
علم النبات
بوش
صبار
سماد
النباتية
زهرة

90 - Countries #2

إ	ا	ك	س	و	ر	ي	ا	و	ل	ب	ن	ا	ن
د	ذ	خ	ك	آ	ة	و	أ	ل	ب	ا	ن	ي	ا
أ	ج	ث	ي	ظ	آ	ن	س	ز	ص	ل	ا	و	س
و	ح	ر	أ	ث	ي	و	ب	ي	ا	و	ز	ي	آ
ك	ك	ر	ش	ى	ن	خ	ا	ج	ا	ن	م	د	ج
ر	ا	ل	م	ك	س	ي	ك	ا	أ	ي	ا	ا	ر
ا	ل	ي	ا	ب	ا	ن	س	م	و	ج	ل	ص	ل
ن	ي	ب	ف	ا	ى	خ	ت	ا	غ	ي	د	ة	ر
ي	و	ي	د	ح	ل	ع	ا	ي	ن	ر	ن	خ	ؤ
ا	ن	ر	ا	ن	ك	س	ن	ك	د	ي	م	ب	ت
ه	ا	ي	ت	ي	ت	ل	و	ا	ا	ا	ا	ت	ق
م	ن	ا	ى	ب	ر	ج	خ	د	ى	ع	ر	ت	ة
س	ذ	ى	ا	ا	ز	ز	ف	ك	ا	م	ك	ج	ل
و	ؤ	ن	ؤ	ل	ط	ر	ض	ن	ؤ	ن	ظ	ض	ج

ألبانيا
الدنمارك
أثيوبيا
اليونان
هايتي
جامايكا
اليابان
لاوس
لبنان
ليبيريا

المكسيك
نيبال
نيجيريا
باكستان
روسيا
الصومال
السودان
سوريا
أوغندا
أوكرانيا

91 - Ecology

س	ط	ق	ث	ة	ة	ح	ذ	ج	ص	خ	ث	ص	ل
غ	س	ى	س	ق	ؤ	ز	و	ج	خ	آ	ل	ر	إ
ا	ل	ن	ب	ا	ت	ي	ة	و	خ	ن	ث	ذ	ؤ
ل	غ	ب	ا	ل	م	ت	ط	و	ع	و	ن	ط	ن
ح	ق	ت	ة	ئ	س	خ	ق	ط	ب	ؤ	ز	ف	ش
ي	ن	ج	ا	ة	ت	ن	و	ع	إ	د	ت	ع	ح
و	ا	ب	ر	ت	د	ث	ق	م	ظ	ف	ز	ا	م
ا	ه	و	ا	ر	ا	ل	ب	ح	ر	ي	ة	ل	ن
ن	ل	ص	ل	ت	م	ل	ت	ك	ق	ح	ط	م	ا
ا	ا	م	م	ة	ا	و	ج	ف	ا	ف	ب	ي	خ
ت	ب	س	و	ب	ظ	ت	ط	ب	ي	ع	ي	غ	و
ث	ع	ط	ئ	ا	ل	أ	ن	و	ا	ع	ع	ح	ج
ش	ل	ى	ل	خ	ر	ش	غ	ئ	ر	ل	ة	و	ث
غ	ذ	س	ل	د	ج	د	م	ج	ت	م	ع	ا	ت

الجبال
طبيعي
طبيعة
نباتات
الموارد
الأنواع
نجاة
مستدام
نبت
المتطوعون

مناخ
مجتمعات
تنوع
جفاف
الحيوانات
النباتية
عالمي
الموئل
البحرية
اهوار

92 - Adjectives #2

ت	د	ج	ص	ص	إ	ب	ظ	إ	ك	ج	ت	ي	م
ط	ف	ر	ق	ح	ق	ش	ظ	ج	م	ا	ؤ	إ	ت
ت	ض	ل	ا	ي	ؤ	ن	ل	خ	م	ئ	ؤ	غ	ك
ص	أ	ك	ز	م	ك	ظ	ع	إ	ر	ع	إ	ئ	ط
ب	ص	ظ	آ	ش	ا	ا	م	س	ن	ق	ئ	ق	ظ
خ	ل	ا	ق	ه	م	ت	ض	س	ا	ت	ر	و	و
ك	ي	ل	ج	و	س	ى	ي	ع	ب	ن	ا	ي	ط
ب	ؤ	ج	ع	ر	ؤ	ئ	ل	ك	ب	ر	ي	ج	ب
ح	ك	د	ج	غ	و	ئ	خ	ض	ي	خ	ك	ذ	ي
س	غ	ي	م	ا	ل	ح	ج	ا	ف	ح	ز	خ	ع
ذ	ط	د	و	أ	ق	م	ف	خ	و	ر	ب	ف	ي
ح	ف	ف	ه	ن	ظ	ش	ظ	ؤ	ص	ز	ى	ل	ذ
ت	خ	ح	و	ي	ز	و	ع	ق	ف	ر	ع	و	ع
ن	ج	ى	ب	ق	ب	ق	ت	ث	ي	ر	ئ	ر	ث

أصلي
خلاق
وصفي
دراماتيكي
جاف
أنيق
مشهور
موهوب
صحي
جائع

مشوق
طبيعي
الجديد
إنتاجي
فخور
مسؤول
مالح
نعسان
قوي
بري

93 - Math

ع	و	م	ج	م	ه	م	م	ت	ع	ل	ض	م	د
ك	ح	س	ض	ج	ن	ا	ح	و	م	ؤ	ط	ر	ق
ب	و	ت	ش	ذ	د	ب	ي	م	و	ث	ؤ	ب	ؤ
ذ	إ	ط	آ	م	س	ة	ط	د	د	ع	ت	ع	ص
خ	ت	ي	ل	ع	ة	د	ع	ث	ي	ن	ف	ش	ظ
م	إ	ل	م	ا	ق	ر	أ	ل	ا	ق	إ	ر	ؤ
ح	ت	م	م	د	ب	ج	ر	ظ	ة	ط	ع	ي	ى
ا	آ	ج	و	ل	ل	ا	ر	ز	ظ	ر	ت	ئ	ز
ذ	ئ	ب	ا	ة	ش	ت	ت	و	ص	ل	ا	ح	و
ش	ة	و	ز	م	ؤ	ن	ص	خ	ظ	ض	س	ت	ا
خ	ة	س	م	آ	ش	ى	ط	ا	ك	ا	غ	ف	ي
ط	ث	ل	ث	م	ش	ح	ث	س	ب	ن	ن	ة	ا
ط	غ	إ	ص	ب	آ	ص	أ	غ	ط	ا	ت	خ	ي
ك	ء	ز	ج	ة	ن	ط	س	ض	و	ؤ	ب	ب	ط

الأرقام
مواز
عمودي
مضلع
مستطيل
مربع
مجموع
تناظر
مثلث
الصوت

زوايا
حساب
محيط
عشري
درجات
قطر
معادلة
أس
جزء
هندسة

94 - Water

إ	ش	ك	ب	ذ	ب	خ	ا	ر	ز	ع	ع	ح	ز
ق	ك	غ	ر	ذ	ش	ح	ث	ص	ش	ر	ط	ن	ز
ى	ن	ض	ت	ؤ	ط	ب	ي	د	ي	ط	ظ	م	إ
ة	ظ	ف	ن	ب	س	ك	ف	ر	ا	و	ظ	ؤ	ؤ
أ	م	و	ا	ج	خ	ز	ث	ب	ة	ب	ق	و	م
ل	ئ	ع	و	غ	ا	ر	ق	ة	ت	ة	ع	و	ش
ك	ج	ى	خ	ى	ن	ه	ر	ط	خ	ح	خ	ب	ش
س	د	ش	ل	ت	ف	ي	ض	ا	ن	م	آ	ي	م
ا	ص	ئ	خ	ز	ر	ص	ح	خ	ص	ح	ح	ع	ؤ
ل	ش	ز	م	د	إ	ؤ	ل	إ	إ	ي	غ	و	ر
ر	ظ	ث	ق	غ	ع	ن	ر	خ	ذ	ط	ز	ق	ط
ي	ق	ل	ج	ن	ص	ق	ي	ع	إ	ح	ي	ل	ب
ح	ص	ج	ة	ج	ا	ج	ل	ي	د	ة	إ	ج	ن
ب	ذ	ن	م	ط	ر	ة	ز	ز	ش	ع	ك	ث	ن

قناة
رطب
تبخر
فيضان
صقيع
سخان
إعصار
جليد
الري
بحيرة

رطوبة
محيط
مطر
نهر
دش
ثلج
غارقة
بخار
أمواج

95 - Activities

د	ث	ا	ل	ت	ر	ف	ي	ه	د	ا	ا	آ	غ
ض	أ	ل	ع	ا	ب	ن	ر	ر	ظ	ل	س	ك	ظ
ر	ن	ل	ق	ذ	ز	ض	ق	خ	ن	م	ت	ع	ة
ت	ص	و	ي	ر	غ	ى	ى	ي	ؤ	ص	ر	ذ	ا
ل	غ	ح	ت	ا	ض	ن	ش	ا	ط	ا	خ	ب	ل
د	ي	ة	س	خ	ل	ر	إ	ط	غ	ل	ا	ك	ص
ق	ي	م	ج	ا	ي	ح	ى	ة	م	ح	ء	ح	ي
ل	ر	ه	س	س	ز	ي	ي	ع	ئ	ش	غ	ب	د
ر	ش	ا	ل	ر	ق	ص	م	ا	ن	ط	ا	س	ش
ج	ة	ر	ء	ى	ى	ذ	ظ	ل	ك	ج	ش	س	د
ل	ظ	ة	ب	ة	ع	ذ	ص	ح	ذ	ة	ح	غ	د
ص	ي	د	ا	ل	س	م	ك	ر	ف	س	ئ	إ	ث
إ	ض	ث	د	ح	ح	ؤ	ة	ف	ش	خ	ى	ص	ى
ب	س	ت	ن	ة	ر	ز	ع	ق	ؤ	د	ئ	ط	ص

نشاط
فن
تخييم
الحرف
الرقص
صيد السمك
ألعاب
بستنة
الصيد
المصالح

الحياكة
الترفيه
سحر
اللوحة
تصوير
متعة
قراءة
استرخاء
خياطة
مهارة

96 - Literature

ى	خ	ش	ك	ر	ظ	غ	ر	م	ن	م	ط	م	ض
ل	ك	ل	م	أ	س	ا	ة	غ	ق	ة	ش	ؤ	ي
خ	ب	ؤ	ئ	ي	ش	ت	د	خ	و	ا	إ	ل	ف
ق	ص	ي	د	ة	ز	ت	ة	ض	ت	ى	ر	ف	ى
ر	خ	ي	ا	ل	ا	س	ت	ع	ا	ر	ة	ن	ك
ي	و	إ	ب	ت	ح	ل	ي	ل	غ	ج	ح	آ	ة
غ	ر	ا	إ	س	ت	ق	ر	غ	ش	ن	ق	س	ل
ب	ع	و	ي	ي	ك	ا	ى	ا	ل	ق	ي	ا	س
ر	ة	ب	ق	ة	ق	ف	ز	س	و	م	د	ر	ح
ح	ح	ك	ا	ي	ة	ي	غ	ت	ص	ي	ا	ث	ز
و	ع	ظ	ع	ط	ق	ة	ا	ن	ف	د	ا	و	ك
ا	م	و	ض	و	ع	م	ز	ت	م	ج	ط	ع	ع
ر	ق	ح	ل	غ	إ	ي	ا	ا	ط	إ	غ	ص	إ
ش	ا	ع	ر	ي	ط	ؤ	ى	ج	آ	خ	ت	إ	ق

القياس
تحليل
حكاية
مؤلف
مقارنة
استنتاج
وصف
حوار
خيال
استعارة

الراوي
رواية
رأي
قصيدة
شاعري
قافية
إيقاع
نمط
موضوع
مأساة

97 - Geography

ك	ب	غ	م	ظ	ق	ؤ	ق	ح	ض	ة	ا	د	خ
ت	ك	ذ	ش	غ	إ	ت	ا	ج	ح	س	ر	م	ط
ف	د	ذ	م	ب	ى	ا	ر	ج	غ	ص	ت	غ	ا
ب	غ	ش	ح	ح	ل	م	ة	م	ج	ع	ف	آ	ل
ك	ح	م	ي	ر	ي	د	ي	ا	ن	خ	ا	ص	ا
ن	ج	ا	ط	ق	ب	ي	ل	إ	و	ط	ع	ش	س
أ	ط	ل	س	ث	ل	ن	ي	ر	ب	ا	ق	ح	ت
خ	م	ق	ن	ة	ف	ة	ف	ي	ص	ل	إ	ة	و
ل	ا	ل	ع	ا	ل	م	ي	ة	ط	ع	ك	غ	ا
ق	إ	ظ	ج	ز	ي	ر	ة	خ	غ	ر	ب	ر	ء
ص	آ	ث	س	ن	ه	ر	ح	ر	د	ض	ت	ى	ة
آ	إ	إ	ح	ص	آ	و	ض	ي	ل	ل	ف	د	خ
ج	ب	ل	غ	آ	و	م	ت	ط	ن	ا	ق	ف	ظ
ظ	ى	خ	ر	ر	ر	ض	ن	ة	غ	ا	ق	ا	ج

ارتفاع
أطلس
مدينة
قارة
بلد
خط الاستواء
كرة
جزيرة
خط العرض
خريطة

ميريديان
جبل
شمال
محيط
منطقة
نهر
بحر
جنوب
غرب
العالمية

98 - Pets

م	ك	ذ	خ	ظ	ص	ي	ى	خ	س	ي	ى	ز	ف
ط	ب	ي	ب	ب	ي	ط	ر	ي	ل	س	م	ك	ب
أ	ت	ل	غ	ن	ذ	ف	ث	ج	ح	م	ا	ء	ق
ج	ر	ج	ص	ؤ	ب	ق	ط	ك	ف	خ	ا	ي	ر
ر	ب	ن	ا	ل	ك	ف	و	ف	ا	ا	ض	ع	ة
و	ا	ج	ب	ئ	خ	آ	ق	ط	ة	ل	ك	ب	ز
ث	ط	ط	ص	ع	ؤ	إ	ف	ف	ك	ب	ل	ى	ح
ج	ئ	ى	ع	ة	ئ	غ	ل	أ	ش	س	ب	ه	ع
ق	ط	ث	ر	ا	ق	ص	إ	ر	ئ	ح	ح	ر	ز
ح	ف	ق	ش	ن	م	غ	د	ج	ت	ل	ي	ي	ض
ن	ل	ج	ر	ج	ش	ة	ؤ	ذ	س	ي	ك	ر	و
خ	ئ	ث	ذ	ص	ن	ط	ض	خ	إ	ة	ز	ة	و
ا	ل	غ	آ	إ	ف	آ	ي	ث	ج	ق	ؤ	ط	ن
ب	ب	غ	ا	ء	غ	ر	ل	آ	ب	ئ	ؤ	ة	ز

قط
مخالب
طوق
بقرة
كلب
سمك
طعام
ماعز
هريرة
رباط

سحلية
فأر
ببغاء
الكفوف
جرو
أرنب
ذيل
سلحفاة
طبيب بيطري
ماء

99 - Nature

ئ	د	ا	ه	م	ص	ى	غ	س	ص	ج	ا	إ	ة
ز	ع	س	ئ	ج	ي	و	ي	ح	م	ئ	ل	ى	ذ
ظ	ل	ت	آ	م	ل	ؤ	ر	ا	ض	ا	ن	ر	ؤ
آ	ظ	و	ن	ث	ي	ا	ل	ب	خ	ل	ح	خ	ي
د	س	ا	د	ل	ء	ة	ب	ا	غ	ق	ل	ا	ف
ص	ئ	ئ	ة	ج	ك	ر	ح	ت	م	ط	ر	ظ	ذ
ض	ط	ي	ب	ة	ز	ي	ر	ب	ا	ب	ض	ط	ل
ث	ت	ا	ر	د	ح	ن	م	ل	ا	ا	ع	م	آ
ذ	آ	س	ئ	ق	م	ه	ى	ي	س	ل	غ	ض	ح
إ	ك	د	ا	ز	ز	ر	و	ل	ج	ش	ؤ	ح	ق
ب	ل	ة	م	ذ	ا	ل	م	و	ظ	م	ا	م	ى
ع	س	ف	ؤ	م	إ	ي	ت	ل	ذ	ا	م	ف	ا
ر	ج	ش	ل	ا	ق	ا	ر	و	أ	ل	ت	ة	د
ف	ت	ا	ن	ا	و	ي	ح	ل	ا	ي	ى	ن	آ

أوراق الشجر
غابة
مثلجة
سلمي
نهر
ملاذ
هادئ
استوائي
حيوي
بري

الحيوانات
القطب الشمالي
جمال
النحل
المنحدرات
سحاب
صحراء
متحرك
تآكل
ضباب

100 - Vacation #2

د	أ	ج	ن	ب	ي	ت	ا	ل	ت	ر	ف	ي	ه
غ	خ	ز	ا	ش	د	و	ل	ذ	ب	ش	ض	خ	ة
م	ئ	ي	ص	ل	خ	س	ن	ع	ش	ب	ر	و	ف
ع	إ	ر	م	ز	ج	آ	ق	ط	ا	ر	ت	ج	ج
ل	ح	ة	ق	ة	ة	ب	ل	ل	ط	ك	أ	ة	ص
ن	ح	ث	ن	م	س	ح	ا	ة	ئ	ج	ش	د	ر
ج	و	ا	ز	س	ف	ر	غ	ل	خ	ر	ي	ط	ة
و	آ	ج	ب	ض	ر	ت	ا	ك	س	ي	ر	ص	ى
ظ	ث	ي	ه	إ	ح	خ	ف	ن	د	ق	ة	س	ظ
ي	ق	ا	ذ	ة	ل	ي	آ	د	ز	ة	م	ة	ن
ذ	ئ	ا	ح	د	ة	ي	ر	ظ	آ	ؤ	ي	م	ة
ى	ط	ث	ض	ح	ك	م	ط	ع	م	ط	ا	ر	ؤ
ل	غ	آ	ط	خ	ق	آ	د	ع	ز	م	ئ	ص	ن
آ	ث	ت	ر	و	ق	د	ل	ى	غ	غ	ى	ؤ	ا

مطار
شاطئ
تخييم
وجهة
أجنبي
عطلة
فندق
جزيرة
رحلة
الترفيه

خريطة
الجبال
جواز سفر
مطعم
بحر
تاكسي
خيمة
قطار
النقل
تأشيرة

1 - Food #1

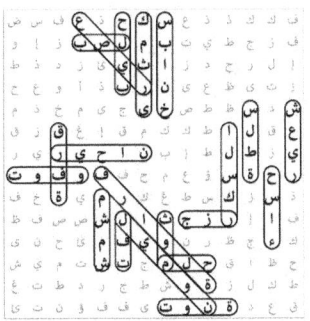

2 - Castles

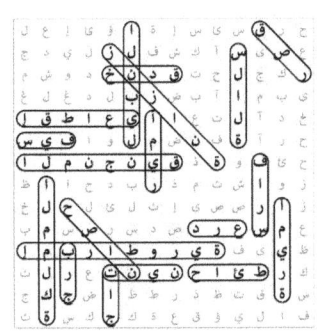

3 - Exploration

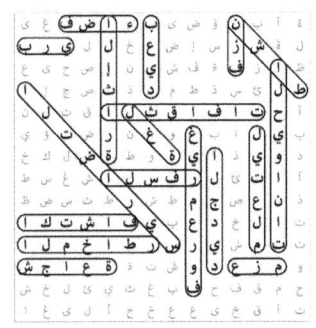

4 - Measurements

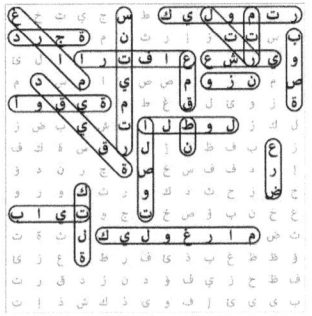

5 - Farm #2

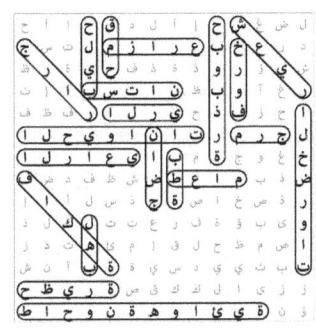

6 - Books

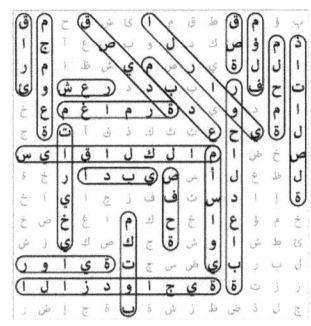

7 - Meditation

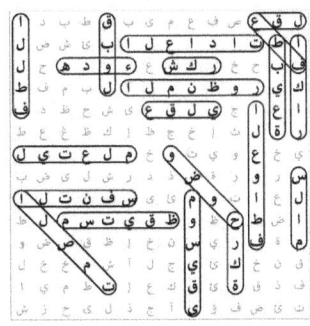

8 - Days and Months

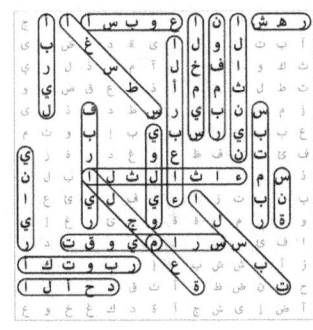

9 - Chess

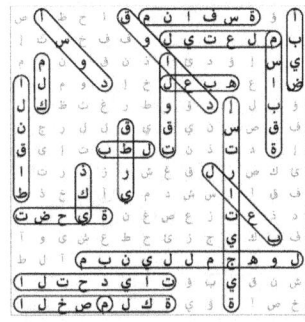

10 - Food #2

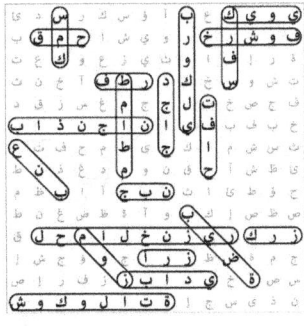

11 - Family

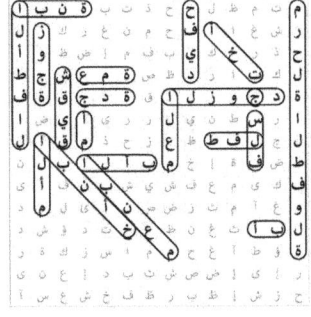

12 - Farm #1

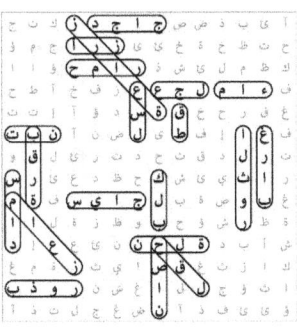

13 - Camping
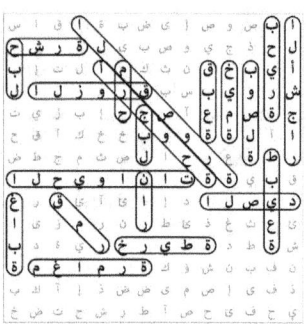

14 - Conservation
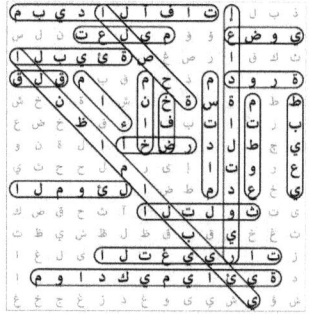

15 - Cats
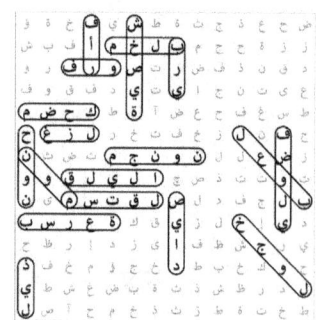

16 - Numbers
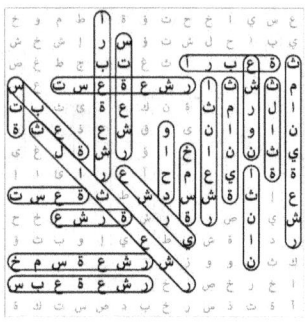

17 - Spices
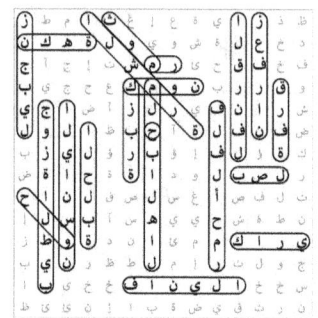

18 - Mammals
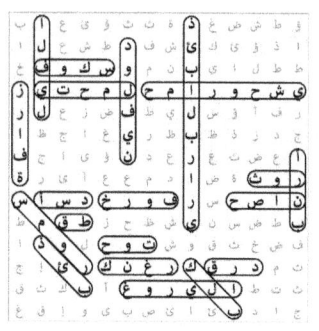

19 - Fishing
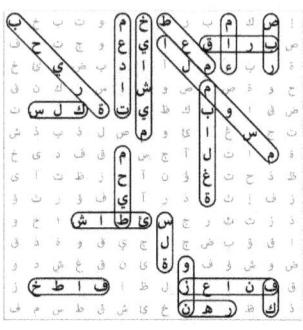

20 - Restaurant #1
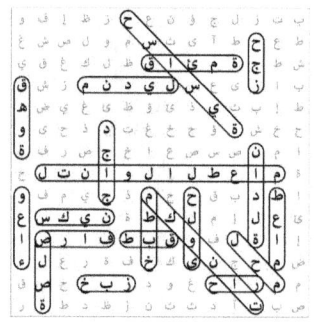

21 - Bees
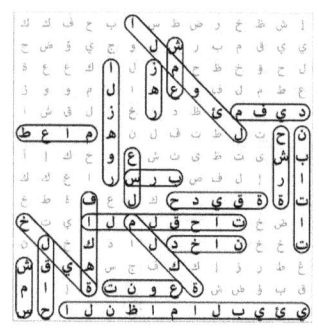

22 - Sports
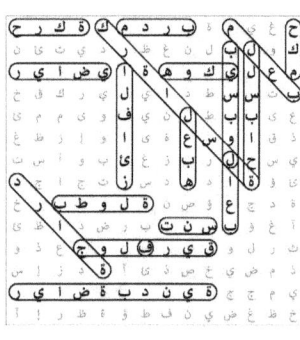

23 - Weather
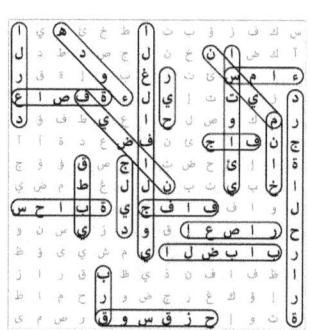

24 - Adventure
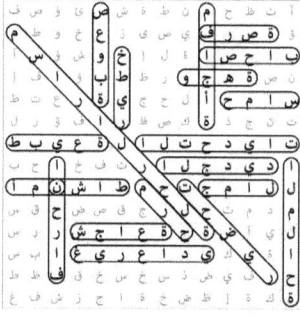

25 - Circus

26 - Restaurant #2

27 - Geology

28 - House

29 - Comedy

30 - School #1

31 - Dance

32 - Colors

33 - Climbing

34 - Shapes

35 - Scientific Disciplines

36 - School #2

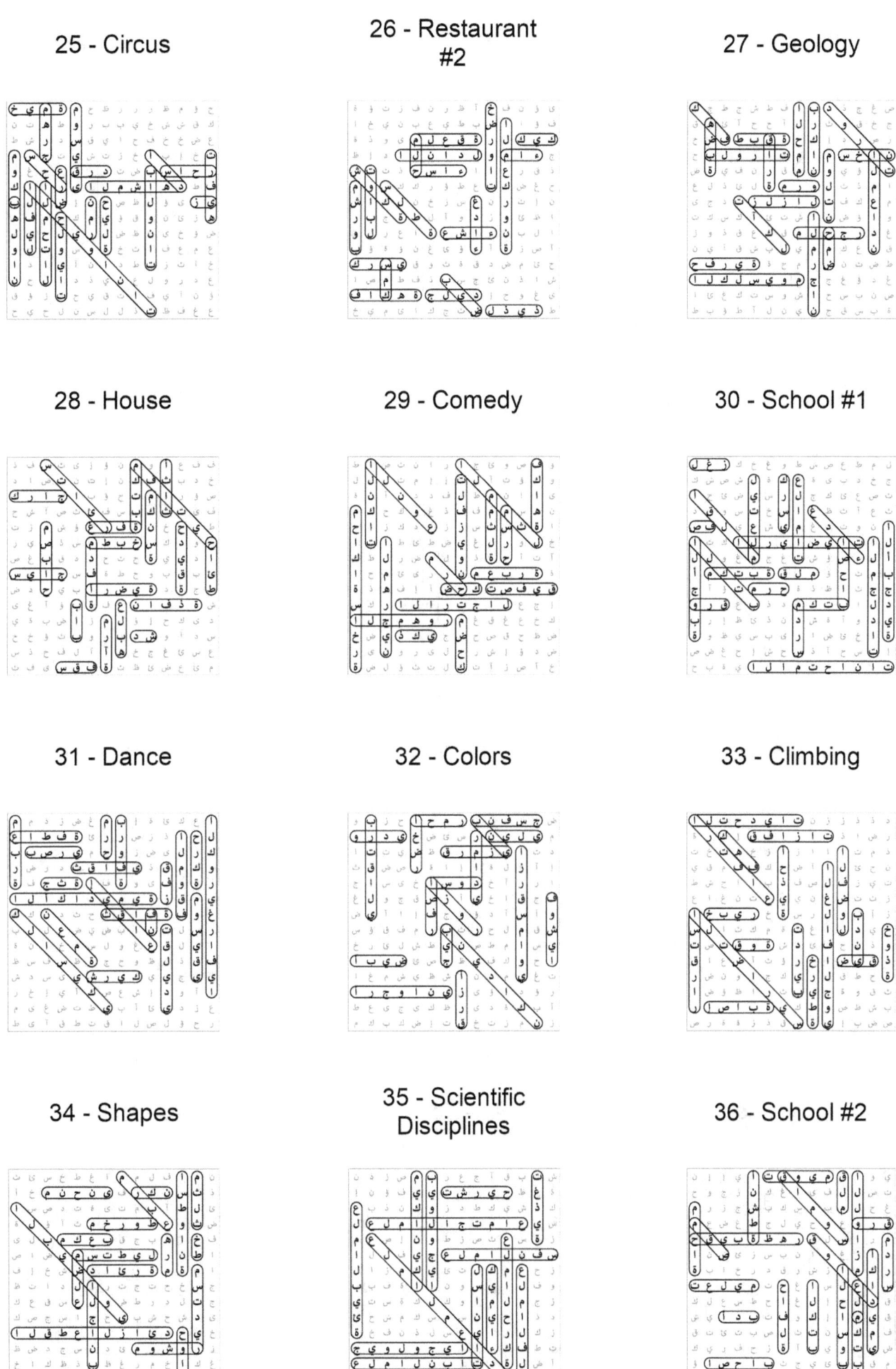

37 - Science
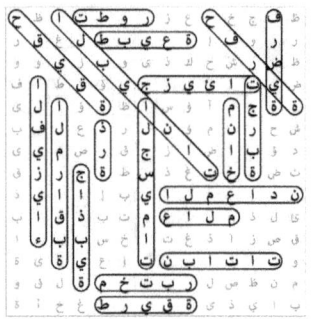

38 - To Fill
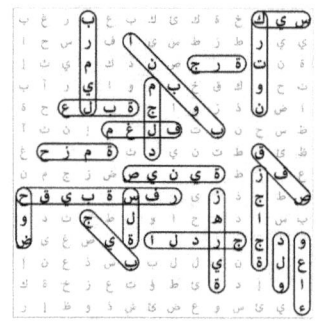

39 - Summer
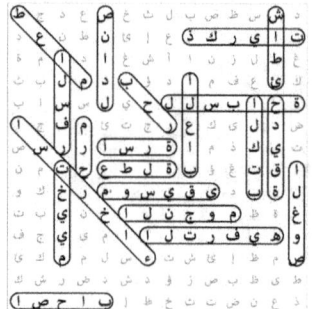

40 - Clothes
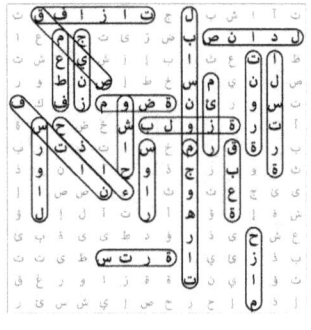

41 - Insects
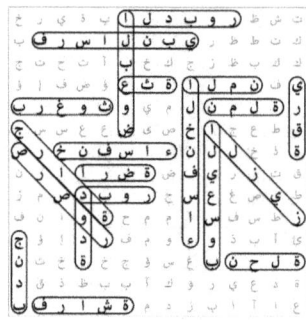

42 - Astronomy
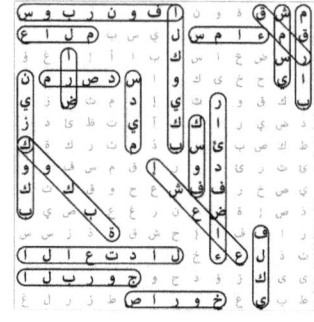

43 - Pirates
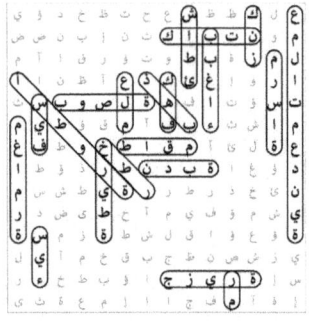

44 - Time
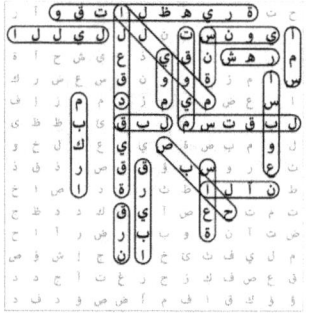

45 - Buildings
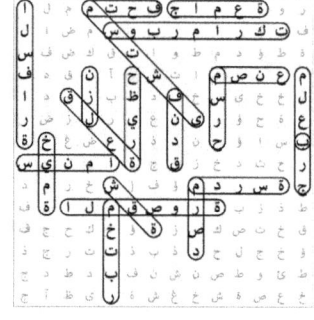

46 - Herbalism
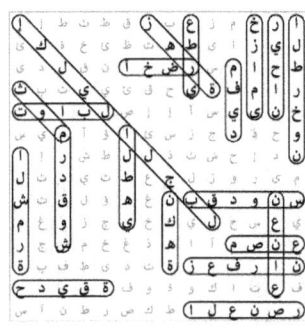

47 - Toys
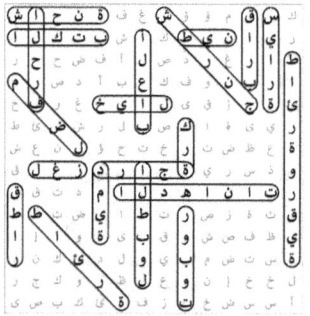

48 - Vehicles
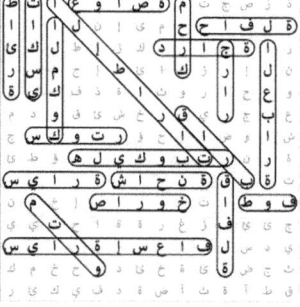

49 - Flowers

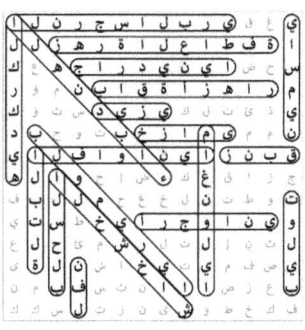

50 - Town

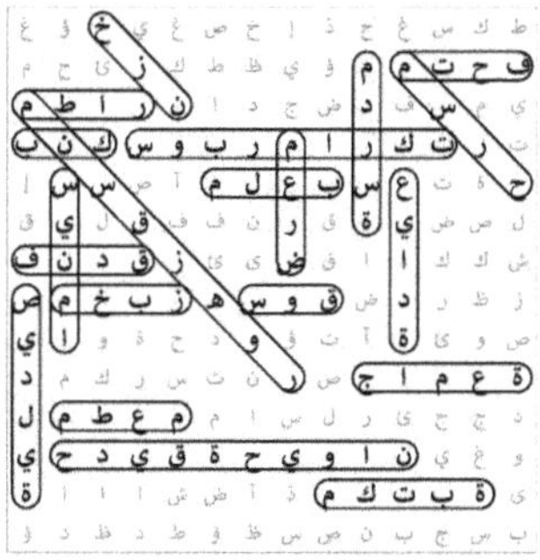

51 - Antarctica

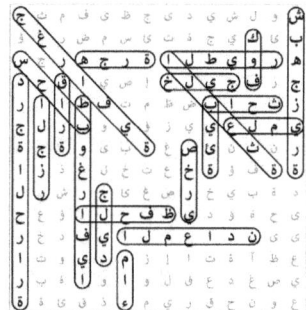

52 - Ballet

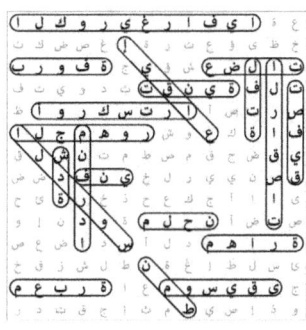

53 - Human Body

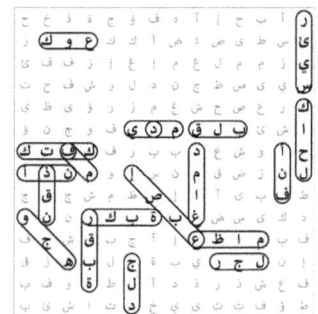

54 - Musical Instruments

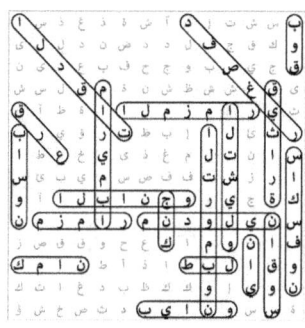

55 - Fruit

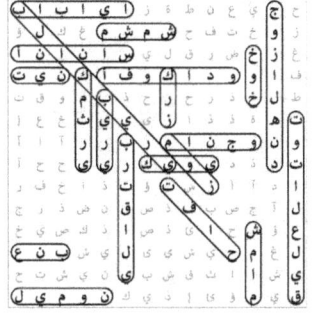

56 - Virtues #1

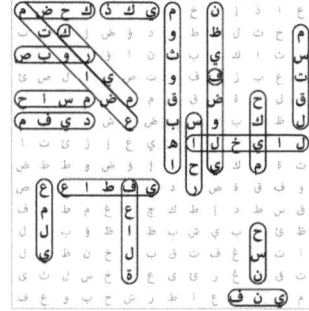

57 - Kitchen

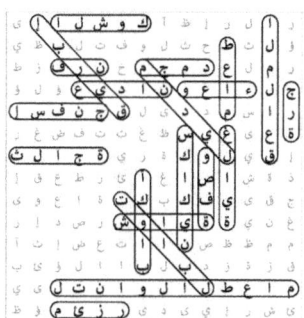

58 - Art Supplies

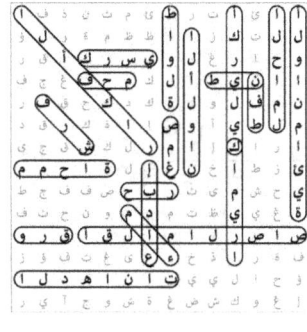

59 - Science Fiction

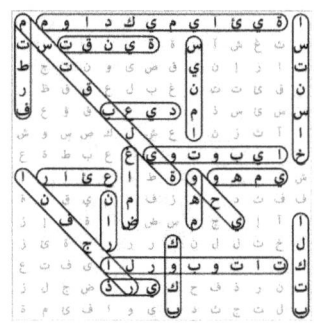

60 - Kindness

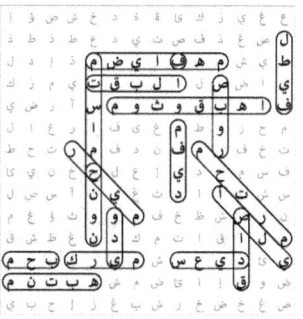

61 - Airplanes
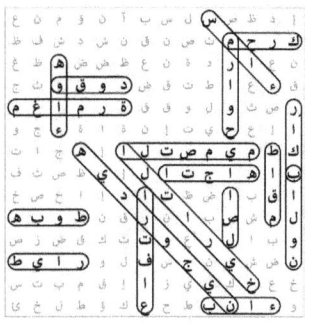

62 - Ocean
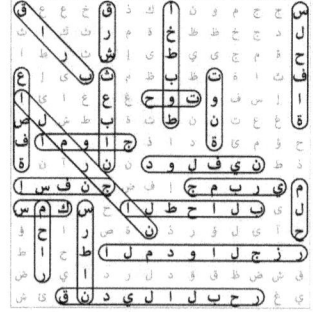

63 - Birds
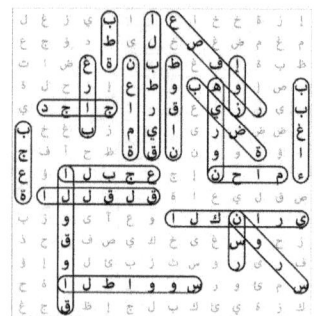

64 - Art
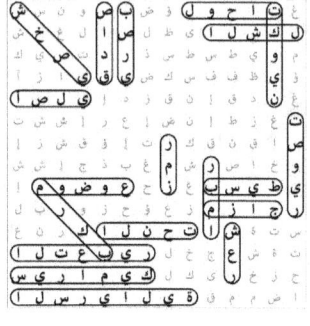

65 - Nutrition
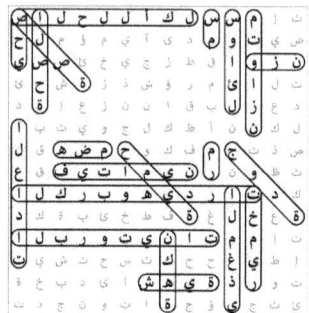

66 - Hiking
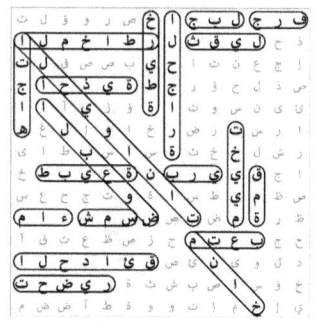

67 - Professions #1
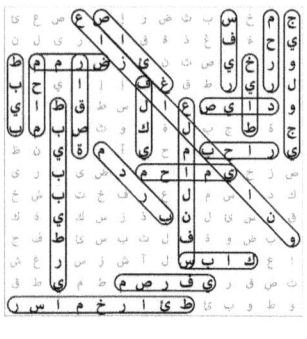

68 - Dinosaurs
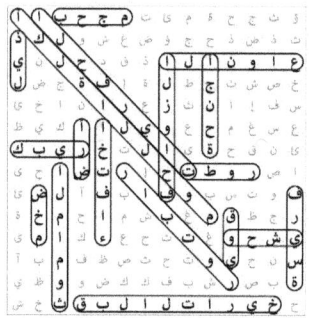

69 - Barbecues
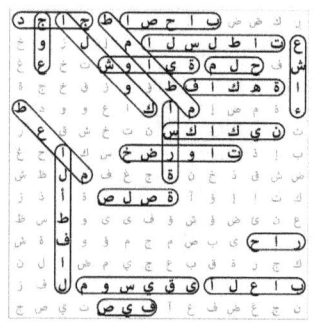

70 - Surfing
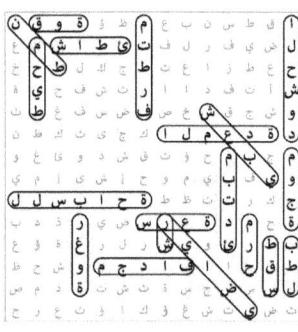

71 - Chocolate
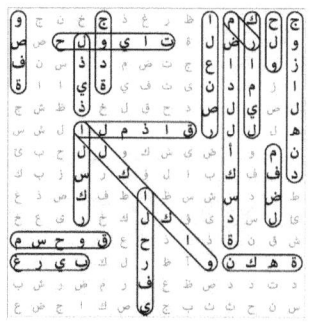

72 - Vegetables
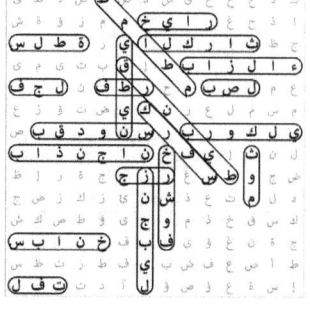

73 - Boats

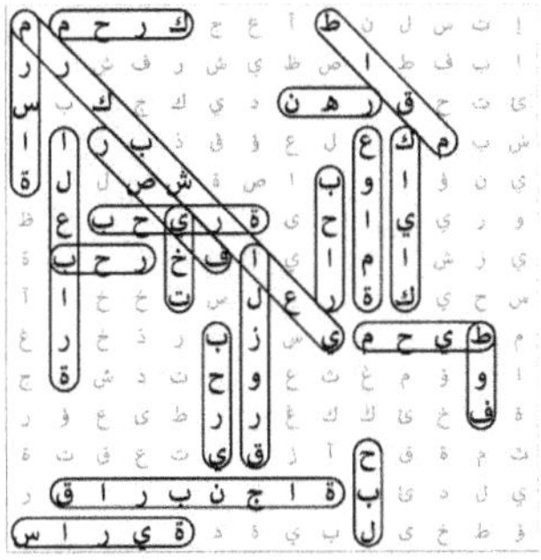

74 - Activities and Leisure

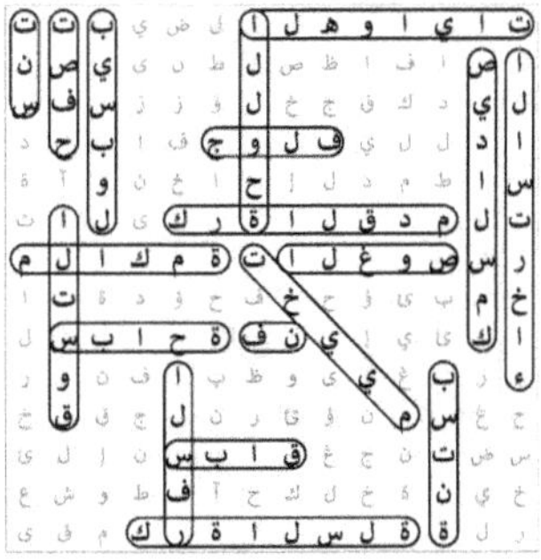

75 - Driving

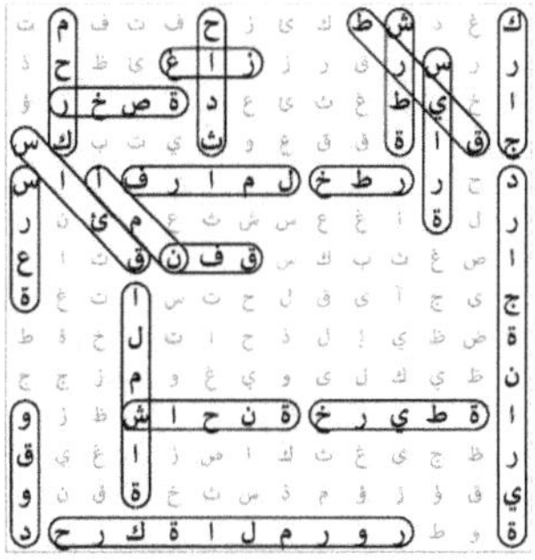

76 - Professions #2

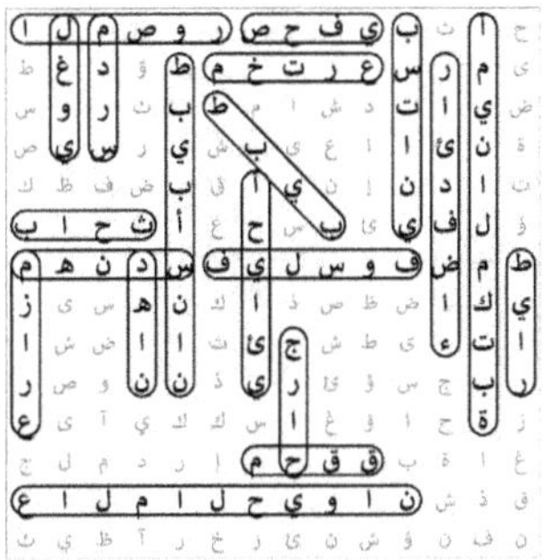

77 - Emotions

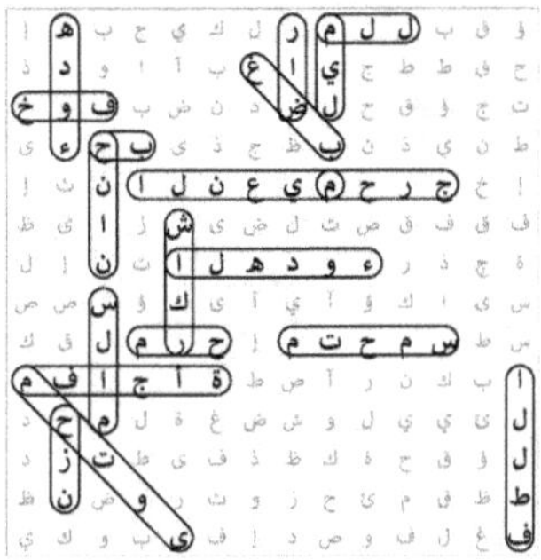

78 - Mythology

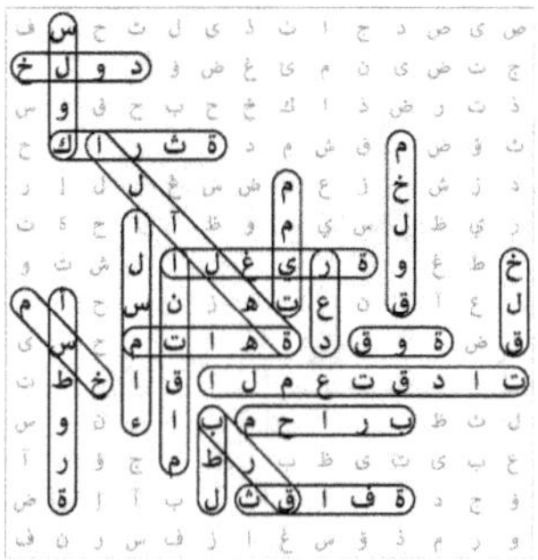

79 - Hair Types

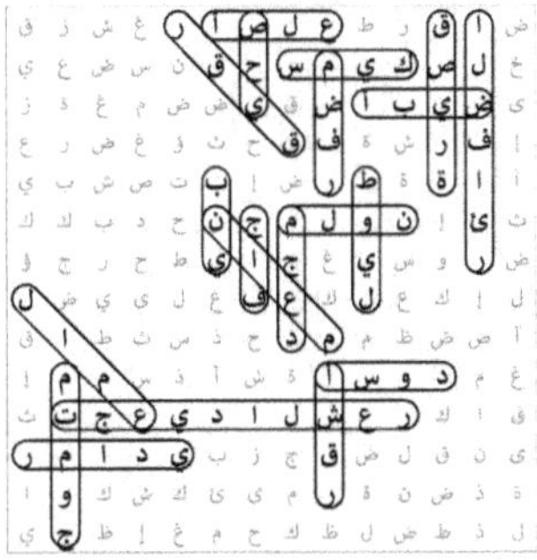

80 - Furniture

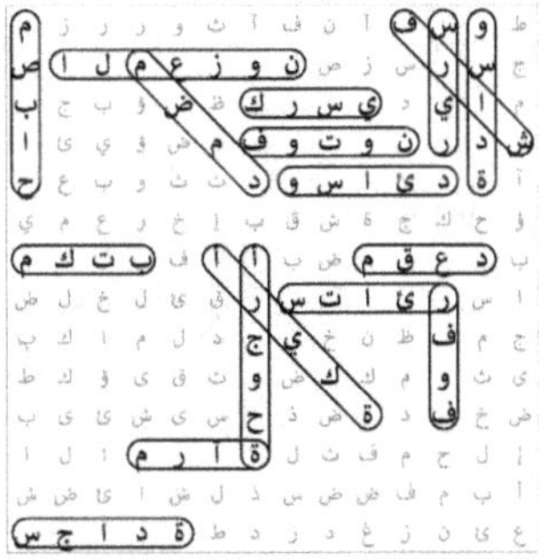

81 - Garden

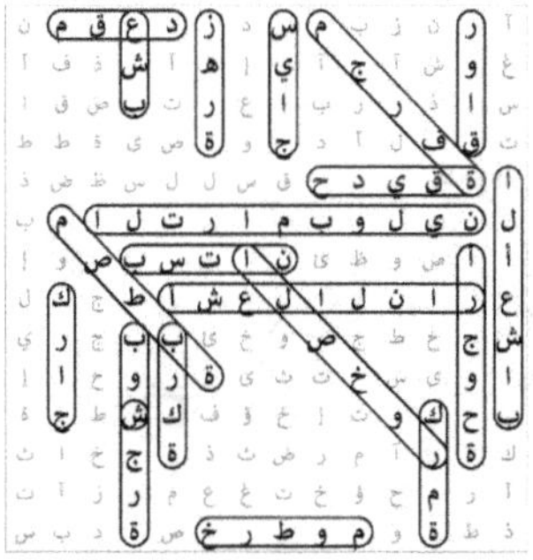

82 - Birthday

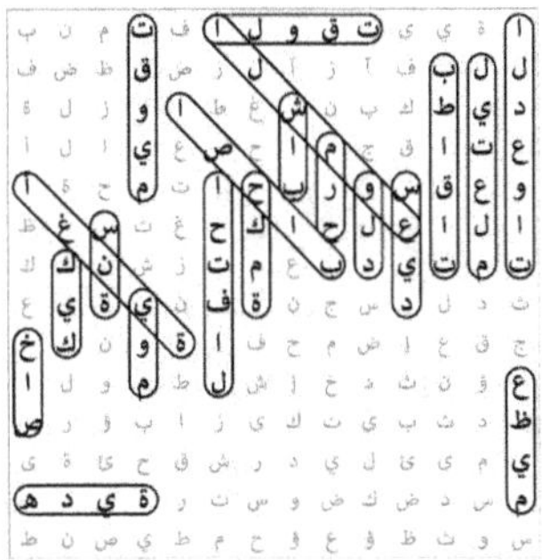

83 - Beach

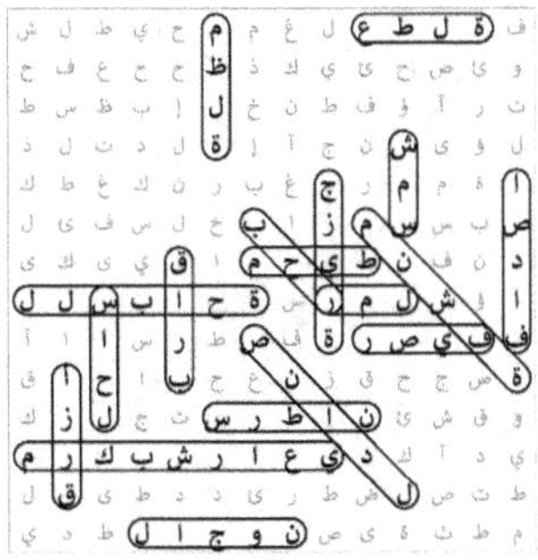

84 - Adjectives #1

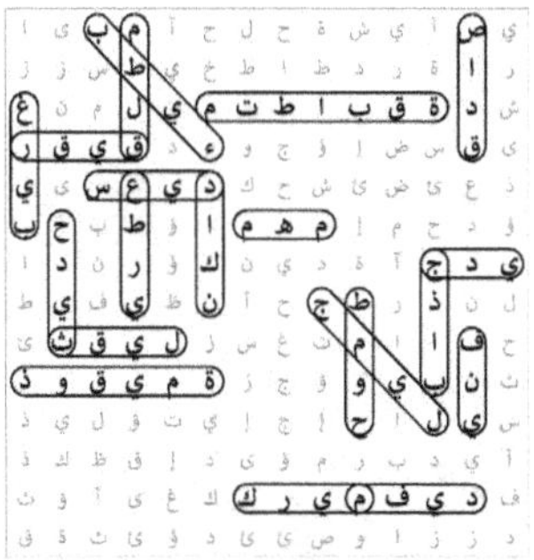

85 - Rainforest

86 - Technology

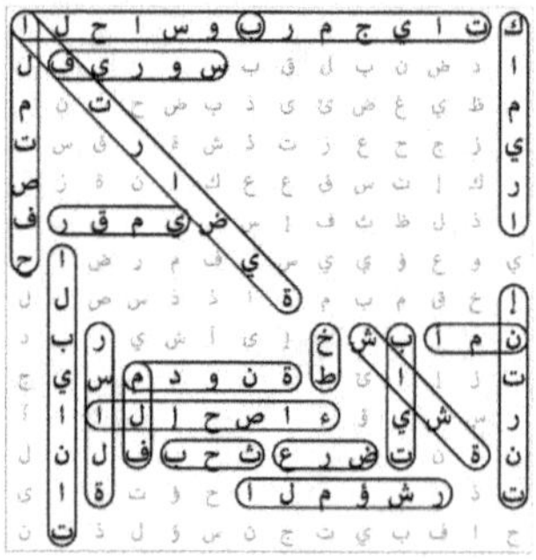

87 - Landscapes

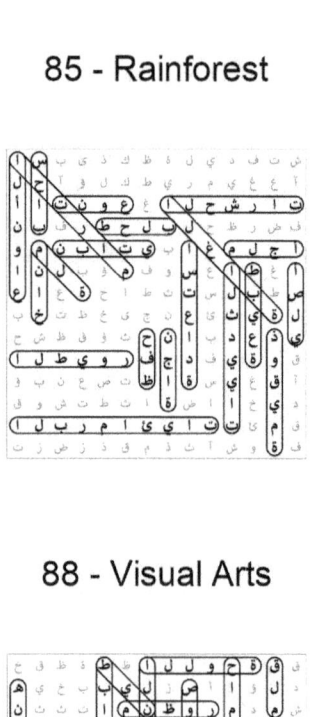
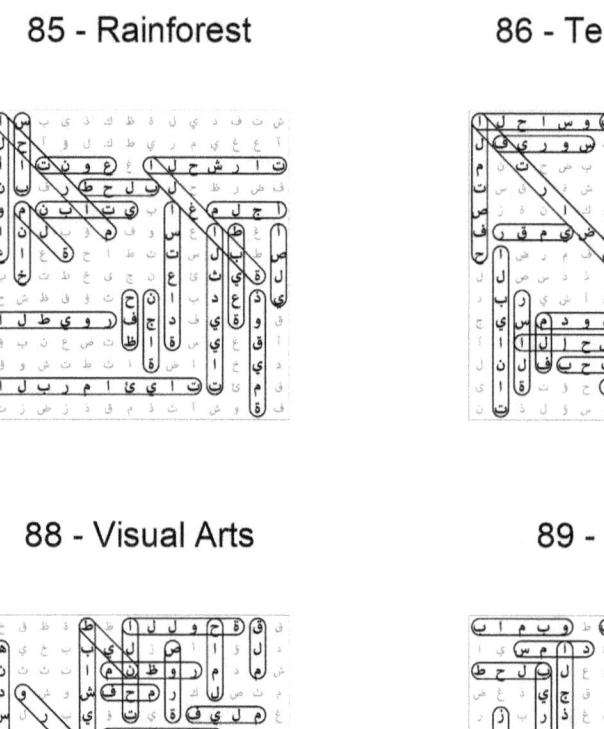

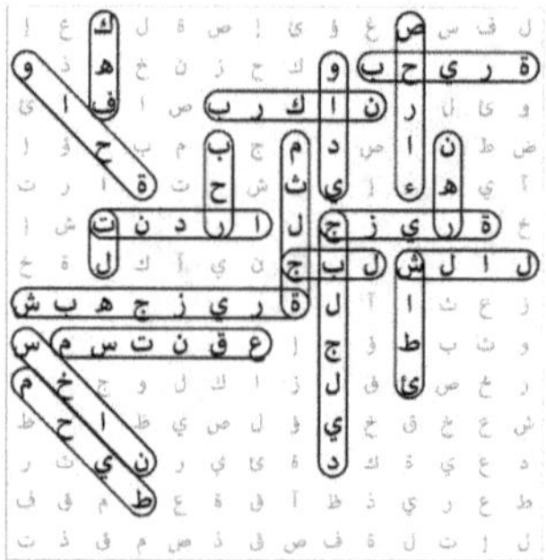

88 - Visual Arts

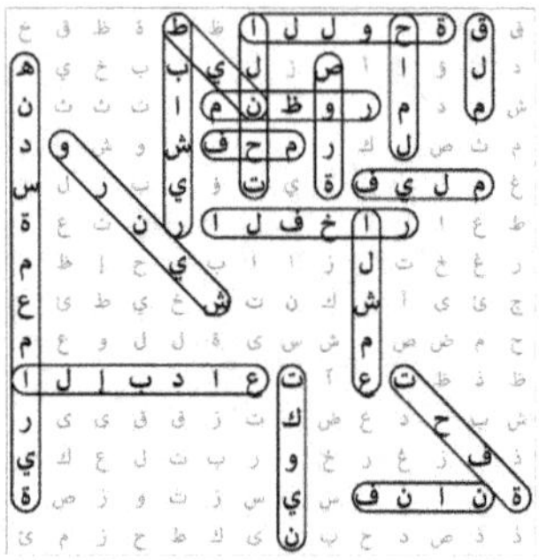

89 - Plants

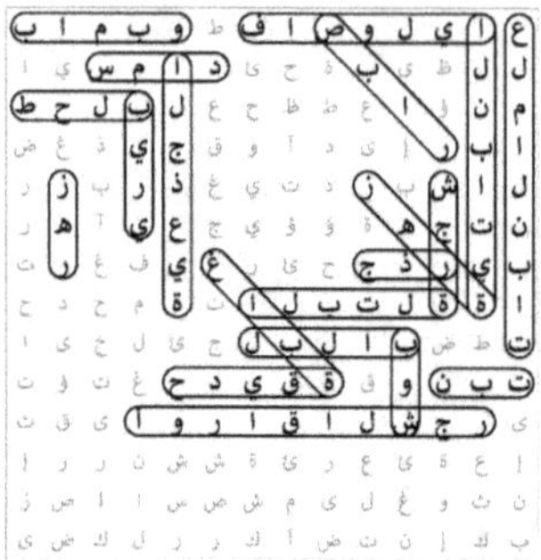

90 - Countries #2

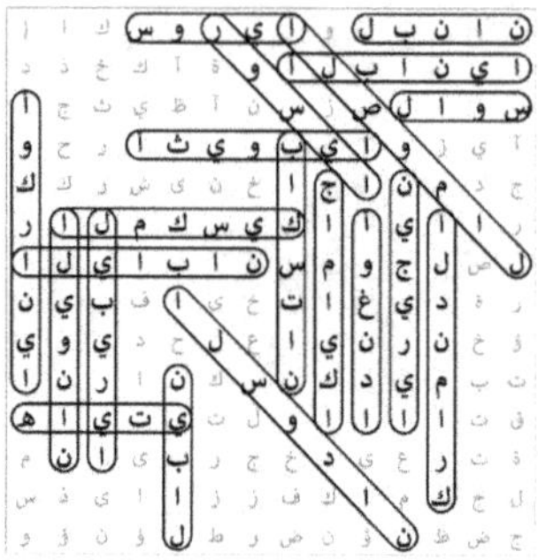

91 - Ecology

92 - Adjectives #2

93 - Math

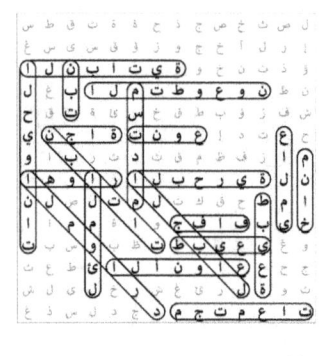
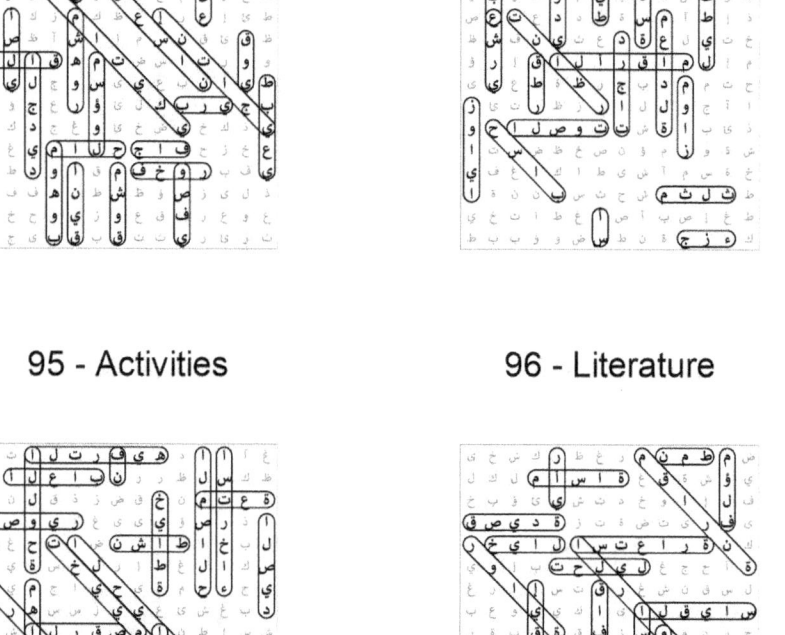

94 - Water

95 - Activities

96 - Literature

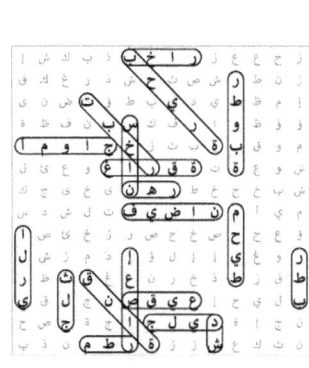
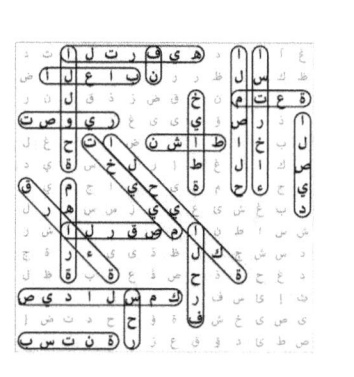

97 - Geography

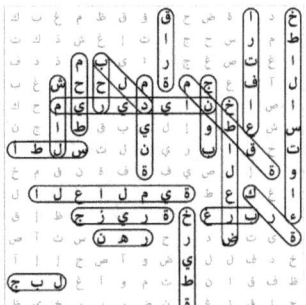

98 - Pets

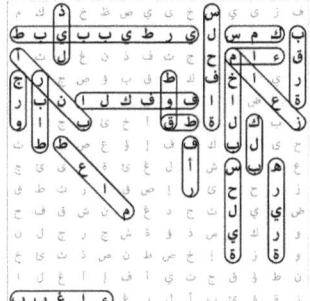

99 - Nature

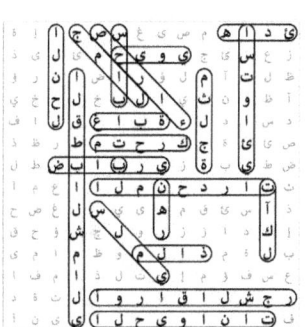

100 - Vacation #2

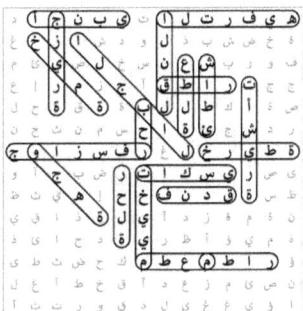

Dictionary

Activities
الأنشطة

Activity	نشاط
Art	فن
Camping	تخييم
Crafts	الحرف
Dancing	الرقص
Fishing	صيد السمك
Games	ألعاب
Gardening	بستنة
Hunting	صيد
Interests	المصالح
Knitting	الحياكة
Leisure	الترفيه
Magic	سحر
Painting	اللوحة
Photography	تصوير
Pleasure	متعة
Reading	قراءة
Relaxation	استرخاء
Sewing	خياطة
Skill	مهارة

Activities and Leisure
الأنشطة والترفيه

Art	فن
Baseball	بيسبول
Basketball	كرة السلة
Boxing	ملاكمة
Camping	تخييم
Diving	الغوص
Fishing	صيد السمك
Gardening	بستنة
Golf	جولف
Hobbies	الهوايات
Painting	اللوحة
Racing	سباق
Relaxing	الاسترخاء
Shopping	التسوق
Soccer	كرة القدم
Surfing	تصفح
Swimming	سباحة
Tennis	تنس
Travel	السفر
Volleyball	الكرة الطائرة

Adjectives #1
الصفات #1

Absolute	مطلق
Ambitious	طموح
Aromatic	عطري
Artistic	فني
Attractive	جذاب
Beautiful	جميل
Dark	داكن
Exotic	غريب
Generous	كريم
Happy	سعيد
Heavy	ثقيل
Helpful	مفيد
Honest	صادق
Identical	متطابقة
Important	مهم
Modern	حديث
Serious	جدي
Slow	بطيء
Thin	رقيق
Valuable	ذو قيمة

Adjectives #2
الصفات #2

Authentic	أصلي
Creative	خلاق
Descriptive	وصفي
Dramatic	دراماتيكي
Dry	جاف
Elegant	أنيق
Famous	مشهور
Gifted	موهوب
Healthy	صحي
Hungry	جائع
Interesting	مشوق
Natural	طبيعي
New	جديد
Productive	إنتاجي
Proud	فخور
Responsible	مسؤول
Salty	مالح
Sleepy	نعسان
Strong	قوي
Wild	بري

Adventure
مغامرة

Activity	نشاط
Beauty	جمال
Bravery	شجاعة
Challenges	تحديات
Chance	فرصة
Dangerous	خطير
Destination	وجهة
Difficulty	صعوبة
Enthusiasm	حماس
Excursion	انحراف
Friends	اصحاب
Itinerary	مسار الرحلة
Joy	حرم
Nature	طبيعة
Navigation	الملاحة
New	جديد
Preparation	تحضير
Safety	أمن
Surprising	مفاجأة
Unusual	غير عادي

Airplanes
الطائرات

Adventure	مغامرة
Air	هواء
Atmosphere	الغلاف الجوي
Balloon	بالون
Construction	بناء
Crew	طاقم
Descent	اصل
Design	التصميم
Direction	اتجاه
Engine	محرك
Fuel	وقود
Height	ارتفاع
History	التاريخ
Hydrogen	هيدروجين
Landing	هبوط
Passenger	راكب
Pilot	طيار
Propellers	مراوح
Sky	سماء
Turbulence	اضطراب

Antarctica
القارة القطبية الجنوبية

Bay	خليج
Birds	الطيور
Clouds	سحاب
Conservation	الحفظ
Continent	قارة
Cove	كوف
Environment	بيئة
Expedition	البعثة
Geography	جغرافية
Ice	جليد
Islands	الجزر
Migration	هجرة
Minerals	المعادن
Peninsula	شبه جزيرة
Researcher	باحث
Rocky	صخري
Scientific	علمي
Temperature	درجة الحرارة
Topography	طبوغرافيا
Water	ماء

Art
الفن

Ceramic	سيراميك
Complex	مركب
Composition	تكوين
Expression	التعبير
Figure	الشكل
Honest	صادق
Inspired	ربما
Mood	مزاج
Original	أصلي
Paintings	لوحات
Personal	شخصي
Poetry	شعر
Portray	تصوير
Sculpture	النحت
Simple	بسيط
Subject	موضوع
Surrealism	السريالية
Symbol	رمز
Visual	بصري

Art Supplies
لوازم الفن

Acrylic	أكريليك
Brushes	فرش
Camera	كاميرا
Chair	كرسي
Charcoal	فحم
Clay	طين
Colors	الألوان
Creativity	إبداع
Easel	الحامل
Eraser	ممحاة
Glue	صمغ
Ideas	الأفكار
Ink	حبر
Oil	نفط
Paints	الدهانات
Paper	ورق
Pencils	أقلام الرصاص
Table	طاولة
Water	ماء
Watercolors	ألوان مائية

Astronomy
علم الفلك

Asteroid	الكويكب
Astronaut	رائد فضاء
Astronomer	فلكي
Constellation	كوكبة
Cosmos	عالم
Earth	أرض
Eclipse	كسوف
Equinox	الاعتدال
Meteor	نيزك
Moon	قمر
Nebula	سديم
Observatory	مرصد
Planet	كوكب
Radiation	إشعاع
Rocket	صاروخ
Sky	سماء
Solar	شمسي
Supernova	سوبرنوفا
Telescope	مقراب
Zodiac	البروج

Ballet
باليه

Applause	تصفيق
Artistic	فني
Audience	الجمهور
Choreography	الكوريغرافيا
Composer	ملحن
Dancers	الراقصات
Expressive	معبرة
Gesture	لفتة
Intensity	شدة
Lessons	الدروس
Muscles	عضلات
Music	موسيقى
Orchestra	أوركسترا
Rehearsal	بروفة
Rhythm	إيقاع
Skill	مهارة
Solo	منفرد
Style	نمط
Technique	تقنية

Barbecues
حفلات الشواء

Chicken	دجاج
Children	الأطفال
Dinner	عشاء
Family	أسرة
Food	طعام
Forks	الشوك
Friends	اصحاب
Fruit	فاكهة
Games	ألعاب
Grill	شواية
Hot	حار
Hunger	جوع
Knives	سكاكين
Music	موسيقى
Salads	السلطات
Salt	ملح
Sauce	صلصة
Summer	صيف
Tomatoes	طماطم
Vegetables	خضراوات

Beach
شاطئ بحر

Blue	أزرق
Boat	قارب
Coast	ساحل
Crab	سرطان
Dock	رصيف
Island	جزيرة
Lagoon	لاجون
Ocean	محيط
Sailboat	مركب شراعي
Sand	رمل
Sandals	صنادل
Sea	بحر
Shells	اصداف
Sun	شمس
To Swim	للسباحة
Towel	منشفة
Umbrella	مظلة
Vacation	عطلة

Bees
النحل

Beneficial	مفيد
Blossom	زهر
Diversity	تنوع
Ecosystem	النظام البيئي
Flowers	الزهور
Food	طعام
Fruit	فاكهة
Garden	حديقة
Habitat	الموئل
Hive	خلية
Honey	عسل
Insect	حشرة
Plants	نباتات
Pollen	لقاح
Pollinator	الملقحات
Queen	ملكة
Smoke	دخان
Sun	شمس
Swarm	سرب
Wax	شمع

Birds
الطيور

Canary	الكناري
Chicken	دجاج
Crow	غراب
Cuckoo	الوقواق
Duck	بطة
Eagle	نسر
Egg	بيضة
Flamingo	نحام
Goose	إوز
Gull	نورس
Heron	نورس
Ostrich	نعامة
Parrot	ببغاء
Peacock	الطاووس
Pelican	البجع
Penguin	البطريق
Sparrow	عصفور
Stork	اللقلق
Swan	بجعة
Toucan	طوقان

Birthday
عيد ميلاد

Born	ولد
Cake	كيك
Calendar	تقويم
Candles	الشموع
Cards	بطاقات
Celebration	احتفال
Day	يوم
Friends	اصحاب
Fun	مرح
Gift	هدية
Great	عظيم
Happy	سعيد
Invitations	الدعوات
Song	أغنية
Special	خاص
Time	الوقت
To Learn	ليتعلم
Wisdom	حكمة
Year	سنة
Young	شاب

Boats
القوارب

Anchor	مرساة
Buoy	عوامة
Canoe	الزورق
Crew	طاقم
Dock	رصيف
Engine	محرك
Ferry	العبارة
Kayak	كاياك
Lake	بحيرة
Lifeboat	قارب نجاة
Mast	سارية
Nautical	بحري
Ocean	محيط
Raft	طوف
River	نهر
Rope	حبل
Sailboat	مركب شراعي
Sailor	بحار
Sea	بحر
Yacht	يخت

Books
كتب

Adventure	مغامرة
Author	مؤلف
Collection	مجموعة
Context	سياق الكلام
Duality	الازدواجية
Epic	ملحمة
Historical	تاريخي
Humorous	روح الدعابة
Inventive	مبدع
Literary	أدبي
Narrator	الراوي
Novel	رواية
Page	صفحة
Poem	قصيدة
Poetry	شعر
Reader	قارئ
Relevant	ذات الصلة
Story	قصة
Tragic	مأساوي
Written	مكتوب

Buildings
المباني

Apartment	شقة
Barn	حظيرة
Cabin	المقصورة
Castle	قلعة
Cinema	سينما
Embassy	السفارة
Factory	مصنع
Hospital	مستشفى
Hostel	نزل
Hotel	فندق
Laboratory	مختبر
Museum	متحف
Observatory	مرصد
School	مدرسة
Stadium	ملعب
Supermarket	سوبر ماركت
Tent	خيمة
Theater	مسرح
Tower	برج
University	جامعة

Camping
عسكرة

Adventure	مغامرة
Animals	الحيوانات
Cabin	المقصورة
Canoe	الزورق
Compass	بوصلة
Fire	نار
Forest	غابة
Fun	مرح
Hammock	أرجوحة
Hat	قبعة
Hunting	الصيد
Insect	حشرة
Lake	بحيرة
Map	خريطة
Moon	قمر
Mountain	جبل
Nature	طبيعة
Rope	حبل
Tent	خيمة
Trees	الأشجار

Castles
القلاع

Armor	درع
Catapult	المنجنيق
Crown	تاج
Dragon	تنين
Dungeon	زنزانة
Dynasty	سلالة
Empire	إمبراطورية
Feudal	إقطاعي
Horse	حصان
Kingdom	المملكة
Knight	فارس
Moat	خندق
Noble	النبيل
Palace	قصر
Prince	أمير
Princess	أميرة
Sword	سيف
Tower	برج
Wall	حائط

Cats
القطط

Affectionate	حنون
Crazy	مجنون
Curious	فضولي
Fast	بسرعة
Funny	مضحك
Fur	فرو
Hunter	صياد
Independent	مستقل
Little	القليل
Mouse	فأر
Paw	مخلب
Personality	شخصية
Playful	لعوب
Shy	خجول
Sleep	نوم
Tail	ذيل
Wild	بري
Yarn	غزل

Chess
شطرنج

Black	أسود
Challenges	التحديات
Champion	بطل
Clever	ذكي
Contest	منافسة
Diagonal	قطري
Game	لعبه
King	ملك
Opponent	الخصم
Passive	مبني للمجهول
Player	لاعب
Points	النقاط
Queen	ملكة
Rules	قواعد
Sacrifice	تضحية
Strategy	إستراتيجية
Time	الوقت
To Learn	ليتعلم
Tournament	مسابقة
White	أبيض

Chocolate
شوكولاتة

Antioxidant	مضاد للأكسدة
Artisanal	الحرفي
Bitter	مر
Cacao	الكاكاو
Candy	حلويات
Caramel	كراميل
Coconut	جوز الهند
Delicious	لذيذ
Exotic	غريب
Favorite	مفضل
Flavor	نكهة
Ingredient	العنصر
Powder	مسحوق
Quality	جودة
Recipe	وصفة
Sugar	السكر
Sweet	حلو
Taste	المذاق
To Eat	لتناول الطعام

Circus
سيرك

Acrobat	بهلوان
Animals	الحيوانات
Balloons	بالونات
Candy	حلويات
Clown	مهرج
Costume	زي
Elephant	الفيل
Entertain	ترفيه
Juggler	المحتال
Lion	أسد
Magic	سحر
Magician	ساحر
Monkey	قرد
Music	موسيقى
Parade	موكب
Show	عرض
Spectator	المشاهد
Tent	خيمة
Tiger	نمر
Trick	حيلة

Climbing
التسلق

Altitude	ارتفاع
Atmosphere	الغلاف الجوي
Boots	أحذية
Cave	كهف
Challenges	التحديات
Curiosity	الفضول
Expert	خبير
Gloves	قفازات
Helmet	خوذة
Injury	إصابة
Map	خريطة
Narrow	ضيق
Physical	بدني
Stability	استقرار
Strength	قوة
Terrain	التضاريس
Training	تدريب

Clothes
ملابس

Apron	مئزر
Belt	حزام
Blouse	بلوزة
Bracelet	سوار
Coat	معطف
Dress	فستان
Fashion	موضة
Gloves	قفازات
Hat	قبعة
Jacket	السترة
Jeans	جينز
Jewelry	مجوهرات
Pajamas	لباس نوم
Pants	سروال
Sandals	صنادل
Scarf	وشاح
Shirt	قميص
Shoe	حذاء
Skirt	تنورة
Sweater	سترة

Colors
الألوان

Azure	أزور
Beige	بيج
Black	أسود
Blue	أزرق
Brown	بني
Crimson	قرمزي
Cyan	ازرق سماوي
Fuchsia	فوشيا
Green	أخضر
Grey	رمادي
Indigo	نيلي
Orange	برتقالي
Pink	وردي
Purple	أرجواني
Red	أحمر
Sepia	بني داكن
Violet	بنفسج
White	أبيض
Yellow	أصفر

Comedy
كوميديا

Actor	الممثل
Actress	ممثلة
Applause	تصفيق
Audience	الجمهور
Clever	ذكي
Clowns	المهرجين
Expressive	معبرة
Fun	مرح
Funny	مضحك
Genre	النوع
Humor	فكاهة
Improvisation	الارتجال
Jokes	النكات
Laughter	ضحك
Parody	محاكاة ساخرة
Television	تلفزيون
Theater	مسرح

Conservation
الحفظ

Changes	التغييرات
Chemicals	مواد كيميائية
Climate	مناخ
Concern	قلق
Cycle	دورة
Ecosystem	النظام البيئي
Education	تعليم
Environmental	البيئة
Green	أخضر
Habitat	الموئل
Health	الصحة
Natural	طبيعي
Organic	عضوي
Pesticide	مبيد الآفات
Pollution	التلوث
Recycle	إعادة التدوير
Reduce	خفض
Sustainable	مستدام
Volunteer	متطوع
Water	ماء

Countries #2
البلدان #2

Albania	ألبانيا
Denmark	الدنمارك
Ethiopia	أثيوبيا
Greece	اليونان
Haiti	هايتي
Jamaica	جامايكا
Japan	اليابان
Laos	لاوس
Lebanon	لبنان
Liberia	ليبيريا
Mexico	المكسيك
Nepal	نيبال
Nigeria	نيجيريا
Pakistan	باكستان
Russia	روسيا
Somalia	الصومال
Sudan	السودان
Syria	سوريا
Uganda	أوغندا
Ukraine	أوكرانيا

Dance
الرقص

Academy	الأكاديمية
Art	فن
Body	جثة
Choreography	الكوريغرافيا
Classical	كلاسيكي
Cultural	ثقافي
Culture	ثقافة
Emotion	عاطفة
Expressive	معبرة
Grace	نعمة
Joyful	مرح
Jump	قفز
Movement	حركة
Music	موسيقى
Partner	شريك
Posture	الموقف
Rehearsal	بروفة
Rhythm	إيقاع
Traditional	تقليدي
Visual	بصري

Days and Months
الأيام والأشهر

April	أبريل
August	أغسطس
Calendar	تقويم
February	فبراير
Friday	الجمعة
January	يناير
July	يوليو
March	مارس
Monday	الاثنين
Month	شهر
November	نوفمبر
October	أكتوبر
Saturday	السبت
September	سبتمبر
Sunday	الأحد
Thursday	الخميس
Tuesday	الثلاثاء
Wednesday	الأربعاء
Week	أسبوع
Year	سنة

Dinosaurs
الديناصورات

Disappearance	اختفاء
Earth	أرض
Enormous	ضخم
Evolution	تطور
Fossils	الحفريات
Large	كبير
Mammoth	الماموث
Omnivore	آكلة اللحوم
Powerful	قوي
Prehistoric	قبل التاريخ
Prey	فريسة
Raptor	رابتور
Reptile	الزواحف
Size	حجم
Species	الأنواع
Tail	ذيل
Vicious	وحشي
Wings	أجنحة

Driving
القيادة

Accident	حادث
Brakes	فرامل
Car	سيارة
Danger	خطر
Driver	سائق
Fuel	وقود
Garage	كراج
Gas	غاز
License	رخصة
Map	خريطة
Motor	محرك
Motorcycle	دراجة نارية
Pedestrian	المشاة
Police	شرطة
Road	طريق
Safety	أمن
Speed	سرعة
Traffic	حركة المرور
Truck	شاحنة
Tunnel	نفق

Ecology
علم البيئة

Climate	مناخ
Communities	مجتمعات
Diversity	تنوع
Drought	جفاف
Fauna	الحيوانات
Flora	النباتية
Global	عالمي
Habitat	الموئل
Marine	البحرية
Marsh	اهوار
Mountains	الجبال
Natural	طبيعي
Nature	طبيعة
Plants	نباتات
Resources	الموارد
Species	الأنواع
Survival	نجاة
Sustainable	مستدام
Vegetation	نبت
Volunteers	المتطوعون

Emotions
العواطف

Anger	غضب
Bliss	النعيم
Boredom	ملل
Calm	هدوء
Content	محتوى
Embarrassed	محرج
Excited	متحمس
Fear	خوف
Grateful	شاكر
Joy	مرح
Kindness	اللطف
Love	حب
Peace	سلام
Sadness	حزن
Satisfied	راض
Surprise	مفاجأة
Sympathy	ميل
Tenderness	حنان
Tranquility	الهدوء

Exploration
الاستكشاف

Activity	نشاط
Animals	الحيوانات
Courage	شجاعة
Cultures	الثقافات
Determination	عزم
Discovery	اكتشاف
Distant	بعيد
Excitement	الإثارة
Exhaustion	نزف
Hazards	المخاطر
Language	لغة
New	الجديد
Space	فضاء
Terrain	التضاريس
To Learn	ليتعلم
Travel	السفر
Unknown	غير معروف
Wild	بري

Family
عائلة

Ancestor	سلف
Aunt	عمة
Brother	شقيق
Child	طفل
Childhood	مرحلة الطفولة
Children	الأطفال
Cousin	ابن عم
Daughter	ابنة
Father	أب
Grandfather	جد
Grandmother	جدة
Grandson	حفيد
Husband	الزوج
Maternal	الأم
Mother	أم
Nephew	ابن أخ
Paternal	الأب
Sister	أخت
Uncle	العم
Wife	زوجة

Farm #1
مزرعة #1

Agriculture	زراعة
Bee	نحلة
Bison	الثور
Calf	عجل
Cat	قط
Chicken	دجاج
Cow	بقرة
Crow	غراب
Dog	كلب
Donkey	حمار
Fence	سياج
Fertilizer	سماد
Field	حقل
Goat	ماعز
Hay	تبن
Honey	عسل
Horse	حصان
Rice	أرز
Seeds	بذور
Water	ماء

Farm #2
مزرعة #2

Animals	الحيوانات
Barley	شعير
Barn	حظيرة
Corn	حبوب ذرة
Duck	بطة
Farmer	مزارع
Food	طعام
Fruit	فاكهة
Irrigation	الري
Llama	لهب
Meadow	مرج
Milk	حليب
Orchard	بستان
Ripe	ناضج
Sheep	خروف
Shepherd	الراعي
Tractor	جرار
Vegetable	الخضروات
Wheat	قمح
Windmill	طاحونة هوائية

Fishing
صيد الأسماك

Bait	طعم
Basket	سلة
Beach	شاطئ
Boat	قارب
Equipment	معدات
Exaggeration	مبالغة
Fins	زعانف
Gills	خياشيم
Hook	خطاف
Jaw	فك
Lake	بحيرة
Ocean	محيط
Patience	صبر
River	نهر
Season	الموسم
Water	ماء
Weight	وزن
Wire	سلك

Flowers
زهور

Bouquet	باقة أزهار
Clover	نفل
Daffodil	النرجس البري
Daisy	ديزي
Dandelion	الهندباء
Gardenia	جاردينيا
Hibiscus	الكركديه
Jasmine	ياسمين
Lavender	خزامى
Lilac	أرجواني
Lily	زنبق
Magnolia	ماغنوليا
Orchid	السحلب
Passionflower	زهرة العاطفة
Peony	الفاوانيا
Petal	البتلة
Plumeria	بلوميريا
Poppy	الخشخاش
Sunflower	عباد الشمس
Tulip	توليب

Food #1
الغذاء #1

Apricot	مشمش
Barley	شعير
Basil	ريحان
Carrot	جزر
Cinnamon	قرفة
Garlic	ثوم
Juice	عصير
Lemon	ليمون
Milk	حليب
Onion	بصل
Pear	كمثرى
Salad	سلطة
Salt	ملح
Soup	حساء
Spinach	سبانخ
Strawberry	فراولة
Sugar	السكر
Tofu	توفو
Tuna	تونة
Turnip	لفت

Food #2
الغذاء #2

Apple	تفاح
Artichoke	خرشوف
Banana	موز
Broccoli	بروكلي
Celery	كرفس
Cheese	جبن
Cherry	كرز
Chicken	دجاج
Chocolate	شوكولاتة
Egg	بيض
Eggplant	باذنجان
Fish	سمك
Grape	عنب
Ham	لحم الخنزير
Kiwi	كيوي
Mushroom	فطر
Rice	أرز
Tomato	طماطم
Wheat	قمح
Yogurt	زبادي

Fruit
فاكهة

Apple	تفاح
Apricot	مشمش
Avocado	أفوكادو
Banana	موز
Berry	بيري
Blackberry	بلاك بيري
Cherry	كرز
Coconut	جوز الهند
Fig	تين
Grape	عنب
Kiwi	كيوي
Lemon	ليمون
Mango	مانجو
Melon	شمام
Orange	برتقالي
Papaya	بابايا
Peach	خوخ
Pear	كمثرى
Pineapple	أناناس
Raspberry	توت العليق

Furniture
أثاث

Bed	سرير
Bench	مقعد
Chair	كرسي
Comforters	المعزون
Couch	أريكة
Curtains	ستائر
Cushions	وسائد
Desk	مكتب
Dresser	مضمد
Futon	فوتون
Hammock	أرجوحة
Lamp	مصباح
Mattress	فراش
Mirror	مرآة
Pillow	وسادة
Rug	سجادة
Shelves	رفوف

Garden
حديقة

Bench	مقعد
Bush	بوش
Fence	سياج
Flower	زهرة
Garage	كراج
Garden	حديقة
Grass	عشب
Hammock	أرجوحة
Hose	خرطوم
Orchard	بستان
Pond	بركة
Porch	رواق
Rake	أشعل النار
Rocks	الصخور
Shovel	مجرفة
Terrace	مصطبة
Trampoline	الترامبولين
Tree	شجرة
Vine	كرمة
Weeds	الأعشاب

Geography
الجغرافيا

Altitude	ارتفاع
Atlas	أطلس
City	مدينة
Continent	قارة
Country	بلد
Equator	خط الاستواء
Globe	كرة
Island	جزيرة
Latitude	خط العرض
Map	خريطة
Meridian	ميريديان
Mountain	جبل
North	شمال
Ocean	محيط
Region	منطقة
River	نهر
Sea	بحر
South	جنوب
West	غرب
World	العالمية

Geology
جيولوجيا

Acid	حمض
Calcium	الكالسيوم
Cavern	كهف
Continent	قارة
Coral	المرجان
Crystals	بلورات
Cycles	دورات
Earthquake	زلزال
Erosion	تآكل
Fossil	حفرية
Geyser	سخان
Lava	الحمم
Layer	طبقة
Minerals	المعادن
Molten	مولتن
Plateau	هضبة
Quartz	مرو
Salt	ملح
Stone	حجر
Volcano	بركان

Hair Types
أنواع الشعر

Bald	أصلع
Black	أسود
Blond	أشقر
Braided	مضفر
Braids	الضفائر
Brown	بني
Colored	ملون
Curls	تجعيد الشعر
Curly	مجعد
Dry	جاف
Gray	رمادي
Healthy	صحي
Long	طويل
Shiny	لامع
Short	قصيرة
Soft	ناعم
Thick	سميك
Thin	رقيق
Wavy	متموج
White	أبيض

Herbalism
الأعشاب

Aromatic	عطري
Basil	ريحان
Beneficial	مفيد
Culinary	الطهي
Fennel	الشمرة
Flavor	نكهة
Flower	زهرة
Garden	حديقة
Garlic	ثوم
Green	أخضر
Ingredient	العنصر
Lavender	خزامى
Marjoram	مردقوش
Mint	نعناع
Oregano	توابل
Parsley	بقدونس
Plant	مصنع
Rosemary	إكليل الجبل
Saffron	زعفران
Tarragon	الطرخون

Hiking
التنزه

Animals	الحيوانات
Boots	أحذية
Camping	تخييم
Cliff	جرف
Climate	مناخ
Hazards	المخاطر
Heavy	ثقيل
Map	خريطة
Mosquitoes	البعوض
Mountain	جبل
Nature	طبيعة
Orientation	اتجاه
Parks	الحدائق
Preparation	تحضير
Stones	الحجارة
Summit	قمة
Sun	شمس
Tired	متعب
Water	ماء
Wild	بري

House
منزل

Attic	علبه
Broom	مكنسة
Curtains	ستائر
Door	باب
Fence	سياج
Fireplace	مدفأة
Floor	أرضية
Furniture	أثاث
Garage	كراج
Garden	حديقة
Keys	مفاتيح
Kitchen	مطبخ
Lamp	مصباح
Library	مكتبة
Mirror	مرآة
Roof	سقف
Room	غرفة
Shower	دش
Wall	حائط
Window	نافذة

Human Body
جسم الإنسان

Ankle	كاحل
Blood	دم
Bones	عظام
Brain	دماغ
Chin	ذقن
Ear	أذن
Elbow	كوع
Face	وجه
Finger	إصبع
Hand	يد
Head	رئيس
Heart	قلب
Jaw	فك
Knee	ركبة
Leg	رجل
Mouth	فم
Neck	رقبة
Nose	أنف
Shoulder	كتف
Skin	جلد

Insects
الحشرات

Ant	نملة
Aphid	المن
Bee	نحلة
Beetle	خنفساء
Butterfly	فراشة
Cicada	الزيز
Cockroach	صرصور
Dragonfly	اليعسوب
Flea	برغوث
Grasshopper	جندب
Hornet	الدبور
Ladybug	الخنفساء
Larva	يرقة
Locust	جرادة
Mantis	فرس النبي
Mosquito	البعوض
Moth	عثة
Termite	أرضة
Wasp	دبور
Worm	دودة

Kindness
اللطف

Affectionate	حنون
Attentive	منتبه
Compassionate	رحيم
Friendly	ودي
Generous	كريم
Gentle	لطيف
Genuine	أصلي
Happy	سعيد
Helpful	مفيد
Honest	صادق
Hospitable	مضياف
Loving	محب
Patient	صبور
Receptive	التقبل
Reliable	موثوق به
Respectful	محترم
Tolerant	متسامح
Understanding	فهم

Kitchen
مطبخ

Apron	مئزر
Bowl	وعاء
Chopsticks	عيدان
Cups	أكواب
Food	طعام
Forks	الشوك
Freezer	مجمد
Grill	شواية
Jar	جرة
Jug	إبريق
Kettle	غلاية
Knives	سكاكين
Napkin	منديل
Oven	فرن
Recipe	وصفة
Refrigerator	ثلاجة
Spices	توابل
Sponge	إسفنج
Spoons	الملاعق
To Eat	لتناول الطعام

Landscapes
المناظر الطبيعية

Beach	شاطئ
Cave	كهف
Desert	صحراء
Geyser	سخان
Glacier	مثلجة
Hill	تل
Iceberg	جبل جليد
Island	جزيرة
Lake	بحيرة
Mountain	جبل
Oasis	واحة
Ocean	محيط
Peninsula	شبه جزيرة
River	نهر
Sea	بحر
Swamp	مستنقع
Tundra	تندرا
Valley	وادي
Volcano	بركان
Waterfall	شلال

Literature
الأدب

Analogy	القياس
Analysis	تحليل
Anecdote	حكاية
Author	مؤلف
Comparison	مقارنة
Conclusion	استنتاج
Description	وصف
Dialogue	حوار
Fiction	خيال
Metaphor	استعارة
Narrator	الراوي
Novel	رواية
Opinion	رأي
Poem	قصيدة
Poetic	شاعري
Rhyme	قافية
Rhythm	إيقاع
Style	نمط
Theme	موضوع
Tragedy	مأساة

Mammals
الثدييات

Bear	لمحتي
Beaver	رومس
Bull	روث
Cat	طق
Coyote	ذئب البراري
Dog	بلك
Dolphin	دولفين
Elephant	الفيل
Fox	سكوف
Giraffe	زرافة
Gorilla	الغوريل
Horse	حصان
Kangaroo	رغنك
Lion	أسد
Monkey	درق
Rabbit	أرنب
Sheep	خروف
Whale	حوت
Wolf	ذئب
Zebra	حمار وحشي

Math
الرياضيات

Angles	زوايا
Arithmetic	حساب
Circumference	طيحم
Decimal	عشري
Degrees	درجات
Diameter	رطق
Equation	معادلة
Exponent	أس
Fraction	جزء
Geometry	هندسة
Numbers	الأرقام
Parallel	زاوم
Perpendicular	عمودي
Polygon	مضلع
Rectangle	مستطيل
Square	مربع
Sum	مجموع
Symmetry	تناظر
Triangle	مثلث
Volume	الصوت

Measurements
القياسات

Byte	بايت
Centimeter	سنتيمتر
Decimal	عشري
Degree	درجة
Depth	عمق
Gram	غرام
Height	ارتفاع
Inch	بوصة
Kilogram	كيلوغرام
Kilometer	كيلومتر
Length	الطول
Liter	لتر
Mass	كتلة
Meter	متر
Minute	دقيقة
Ounce	أوقية
Ton	طن
Volume	الصوت
Weight	وزن
Width	عرض

Meditation
التأمل

Acceptance	قبول
Awake	مستيقظ
Breathing	التنفس
Calm	هدوء
Clarity	وضوح
Compassion	عطف
Emotions	العواطف
Gratitude	شكر
Habits	العادات
Kindness	اللطف
Mental	عقلي
Mind	عقل
Movement	حركة
Music	موسيقى
Nature	طبيعة
Peace	سلام
Perspective	المنظور
Silence	الصمت
Thoughts	أفكار
To Learn	ليتعلم

Musical Instruments
آلات موسيقية

Banjo	البانجو
Bassoon	باسون
Cello	التشيلو
Chimes	الدقات
Clarinet	مزمار
Drum	طبل
Flute	ناي
Gong	ناقوس
Guitar	قيثارة
Harp	جنك
Mandolin	مندولين
Marimba	ماريمبا
Oboe	المزمار
Percussion	قرع
Piano	بيانو
Saxophone	ساكسفون
Tambourine	دف صغير
Trombone	الترومبون
Trumpet	بوق
Violin	كمان

Mythology
الميثولوجيا

Behavior	سلوك
Beliefs	المعتقدات
Creation	خلق
Creature	مخلوق
Culture	ثقافة
Deities	الآلهة
Disaster	كارثة
Heaven	السماء
Hero	بطل
Immortality	خلود
Jealousy	الغيرة
Labyrinth	متاهة
Legend	أسطورة
Lightning	برق
Monster	مسخ
Mortal	مميت
Revenge	انتقام
Strength	قوة
Thunder	رعد
Warrior	محارب

Nature
الطبيعة

Animals	الحيوانات
Arctic	القطب الشمالي
Beauty	جمال
Bees	النحل
Cliffs	المنحدرات
Clouds	سحاب
Desert	صحراء
Dynamic	متحرك
Erosion	تآكل
Fog	ضباب
Foliage	أوراق الشجر
Forest	غابة
Glacier	مثلجة
Peaceful	سلمي
River	نهر
Sanctuary	ملاذ
Serene	هادئ
Tropical	استوائي
Vital	حيوي
Wild	بري

Numbers
أرقام

Decimal	عشري
Eight	ثمانية
Eighteen	ثمانية عشر
Fifteen	خمسة عشر
Five	خمسة
Four	أربعة
Fourteen	أربعة عشر
Nine	تسعة
Nineteen	تسعة عشر
One	واحد
Seven	سبعة
Seventeen	سبعة عشر
Six	ستة
Sixteen	ستة عشر
Ten	عشرة
Thirteen	ثلاثة عشر
Three	ثلاثة
Twelve	اثنا عشر
Twenty	عشرون
Two	اثنان

Nutrition
التغذية

Appetite	شهية
Balanced	متوازن
Bitter	مر
Carbohydrates	الكربوهيدرات
Diet	حمية
Digestion	هضم
Edible	صالح للأكل
Fermentation	تخمير
Flavor	نكهة
Habits	العادات
Health	الصحة
Healthy	صحي
Liquids	سوائل
Nutrient	المغذي
Proteins	البروتينات
Quality	جودة
Sauce	صلصة
Toxin	سم
Vitamin	فيتامين
Weight	وزن

Ocean
محيط

Algae	الطحالب
Boat	قارب
Coral	المرجان
Crab	سرطان
Dolphin	دولفين
Eel	ثعبان
Fish	سمك
Jellyfish	قنديل البحر
Octopus	أخطبوط
Oyster	محار
Salt	ملح
Shark	قرش
Shrimp	جمبري
Sponge	إسفنج
Storm	عاصفة
Tides	المد والجزر
Tuna	تونة
Turtle	سلحفاة
Waves	أمواج
Whale	حوت

Pets
الحيوانات الأليفة

Cat	قط
Claws	مخالب
Collar	طوق
Cow	بقرة
Dog	كلب
Fish	سمك
Food	طعام
Goat	ماعز
Kitten	هريرة
Leash	رباط
Lizard	سحلية
Mouse	فأر
Parrot	ببغاء
Paws	الكفوف
Puppy	جرو
Rabbit	أرنب
Tail	ذيل
Turtle	سلحفاة
Veterinarian	طبيب بيطري
Water	ماء

Pirates
قراصنة

Adventure	مغامرة
Anchor	مرساة
Bad	سيء
Beach	شاطئ
Captain	كابتن
Cave	كهف
Coins	عملات معدنية
Compass	بوصلة
Crew	طاقم
Danger	خطر
Flag	علم
Gold	ذهب
Island	جزيرة
Legend	أسطورة
Map	خريطة
Parrot	ببغاء
Rum	رم
Scar	ندبة
Sword	سيف
Treasure	كنز

Plants
النباتات

Bamboo	بامبو
Bean	فاصوليا
Berry	بيري
Blossom	زهر
Botany	علم النبات
Bush	شوب
Cactus	صبار
Fertilizer	سماد
Flora	النباتية
Flower	زهرة
Foliage	أوراق الشجر
Forest	غابة
Garden	حديقة
Ivy	لبلاب
Moss	طحلب
Petal	البتلة
Root	جذر
Stem	الجذعية
Tree	شجرة
Vegetation	نبت

Professions #1
المهن #1

Ambassador	سفير
Astronomer	فلكي
Attorney	محامي
Banker	مصرفي
Cartographer	رسام خرائط
Coach	مدرب
Dancer	راقصة
Doctor	طبيب
Editor	محرر
Geologist	جيولوجي
Hunter	صياد
Jeweler	صائغ
Lawyer	محام
Nurse	ممرض
Pianist	عازف البيانو
Plumber	سباك
Psychologist	علم النفس
Sailor	بحار
Tailor	خياط
Veterinarian	طبيب بيطري

Professions #2
المهن #2

Astronaut	رائد فضاء
Biologist	أحيائي
Dentist	طبيب أسنان
Detective	محقق
Engineer	مهندس
Farmer	مزارع
Gardener	بستاني
Illustrator	المصور
Inventor	مخترع
Journalist	صحفي
Librarian	أمين المكتبة
Linguist	لغوي
Painter	دهان
Philosopher	فيلسوف
Physician	طبيب
Pilot	طيار
Researcher	باحث
Surgeon	جراح
Teacher	مدرس
Zoologist	عالم الحيوان

Rainforest
الغابات المطيرة

Amphibians	البرمائيات
Birds	الطيور
Botanical	نباتي
Climate	مناخ
Clouds	سحاب
Community	ملة
Diversity	تنوع
Indigenous	أصلي
Insects	الحشرات
Jungle	الغابة
Mammals	الثدييات
Moss	طحلب
Nature	طبيعة
Preservation	حفظ
Refuge	ملجأ
Respect	احترام
Restoration	استعادة
Species	الأنواع
Survival	نجاة
Valuable	ذو قيمة

Restaurant #1
مطعم #1

Allergy	حساسية
Bowl	وعاء
Bread	خبز
Cashier	صراف
Chicken	دجاج
Coffee	قهوة
Dessert	حلوى
Food	طعام
Ingredients	مكونات
Kitchen	مطبخ
Knife	سكين
Meat	لحم
Menu	قائمة
Napkin	منديل
Plate	طبق
Reservation	حجز
Sauce	صلصة
Spicy	حار
To Eat	لتناول الطعام
Waitress	نادلة

Restaurant #2
مطعم رقم 2

Beverage	مشروب
Cake	كيك
Chair	كرسي
Delicious	لذيذ
Dinner	عشاء
Eggs	بيض
Fish	سمك
Fork	شوكة
Fruit	فاكهة
Ice	جليد
Lunch	غداء
Noodles	المعكرونة
Salad	سلطة
Salt	ملح
Soup	حساء
Spices	توابل
Spoon	ملعقة
Vegetables	خضراوات
Waiter	النادل
Water	ماء

School #1
المدرسة #1

Alphabet	الأبجدية
Answers	الأجوبة
Books	الكتب
Chair	كرسي
Classroom	صف
Desk	مكتب
Exams	الامتحانات
Folders	المجلدات
Friends	اصحاب
Fun	مرح
Library	مكتبة
Lunch	غداء
Markers	علامات
Math	الرياضيات
Paper	ورق
Pencil	قلم
Pens	أقلام
Quiz	لغز
Teacher	مدرس
To Learn	يتعلم

School #2
المدرسة #2

Academic	أكاديمي
Activities	أنشطة
Backpack	حقيبة ظهر
Books	الكتب
Bus	حافلة
Calendar	تقويم
Computer	الحاسوب
Dictionary	قاموس
Education	تعليم
Eraser	ممحاة
Friends	اصحاب
Grammar	قواعد
Library	مكتبة
Literature	أدب
Paper	ورق
Pencil	قلم
Science	علم
Scissors	مقص
Supplies	اللوازم
Teacher	مدرس

Science
العلوم

Atom	ذرة
Climate	مناخ
Data	البيانات
Evolution	تطور
Experiment	تجربة
Fact	حقيقة
Fossil	حفرية
Gravity	جاذبية
Hypothesis	فرضية
Laboratory	مختبر
Method	طريقة
Minerals	المعادن
Molecules	جزيئات
Nature	طبيعة
Observation	المراقبة
Particles	الجسيمات
Physics	الفيزياء
Plants	نباتات
Scientist	عالم

Science Fiction
الخيال العلمي

Atomic	ذري
Books	الكتب
Chemicals	مواد كيميائيية
Cinema	سينما
Clones	استنساخ
Distant	بعيد
Explosion	انفجار
Extreme	متطرف
Fantastic	رائع
Fire	نار
Futuristic	مستقبلية
Illusion	وهم
Imaginary	وهمي
Mysterious	غامض
Oracle	وحي
Planet	كوكب
Robots	الروبوتات
Technology	تقنية
Utopia	يوتوبيا
World	العالمية

Scientific Disciplines
التخصصات العلمية

Anatomy	تشريح
Archaeology	علم الآثار
Astronomy	علم الفلك
Biology	بيولوجيا
Botany	علم النبات
Chemistry	كيمياء
Ecology	علم البيئة
Geology	جيولوجيا
Immunology	علم المناعة
Kinesiology	علم الحركة
Linguistics	لسانيات
Mechanics	ميكانيكا
Mineralogy	علم المعادن
Neurology	علم الأعصاب
Nutrition	تغذية
Physiology	فيزيولوجيا
Psychology	علم النفس
Robotics	الروبوتات
Sociology	علم الاجتماع
Zoology	علم الحيوان

Shapes
الأشكال

Arc	قوس
Circle	دائرة
Cone	مخروط
Corner	ركن
Cube	مكعب
Curve	منحنى
Cylinder	اسطوانة
Edges	حواف
Hyperbola	القطع الزائد
Line	خط
Oval	البيضاوي
Polygon	مضلع
Prism	موشور
Pyramid	هرم
Rectangle	مستطيل
Round	مستدير
Side	الجانب
Square	مربع
Triangle	مثلث

Spices

التوابل

Anise	اليانسون
Bitter	مر
Cardamom	حب الهال
Cinnamon	قرفة
Clove	القرنفل
Coriander	كزبرة
Cumin	كمون
Curry	كاري
Fennel	الشمرة
Fenugreek	الحلبة
Flavor	نكهة
Garlic	ثوم
Ginger	زنجبيل
Nutmeg	جوزة الطيب
Onion	بصل
Paprika	فلفل أحمر
Saffron	زعفران
Salt	ملح
Sweet	حلو
Vanilla	فانيلا

Sports

الرياضة

Athlete	رياضي
Baseball	بيسبول
Basketball	كرة السلة
Bicycle	دراجة
Championship	بطولة
Coach	مدرب
Game	لعبة
Golf	جولف
Gymnastics	رياضة بدنية
Hockey	هوكي
Movement	حركة
Player	لاعب
Referee	حكم
Stadium	ملعب
Team	فريق
Tennis	تنس
To Swim	للسباحة
Winner	الفائز

Summer

الصيف

Beach	شاطئ
Books	الكتب
Camping	تخييم
Diving	الغوص
Family	أسرة
Food	طعام
Friends	اصحاب
Games	ألعاب
Garden	حديقة
Joy	مرح
Leisure	الترفيه
Memories	ذكريات
Music	موسيقى
Relaxation	استرخاء
Sandals	صنادل
Sea	بحر
Stars	النجوم
To Swim	للسباحة
Travel	السفر
Vacation	عطلة

Surfing

ركوب الأمواج

Athlete	رياضي
Beach	شاطئ
Beginner	مبتدئ
Champion	بطل
Crowds	الحشود
Extreme	متطرف
Foam	رغوة
Fun	مرح
Ocean	محيط
Paddle	مجداف
Popular	شعبي
Speed	سرعة
Spray	رش
Stomach	المعدة
Strength	قوة
Style	نمط
To Swim	للسباحة
Wave	موجة
Weather	طقس

Technology

تقنية

Blog	مدونة
Browser	المتصفح
Bytes	بايت
Camera	كاميرا
Computer	الحاسوب
Cursor	المؤشر
Data	البيانات
Digital	رقمي
Display	عرض
File	ملف
Font	خط
Internet	إنترنت
Message	رسالة
Research	بحث
Screen	شاشة
Security	أمن
Software	برمجيات
Statistics	الإحصاء
Virtual	افتراضية
Virus	فيروس

Time

الوقت

Annual	سنوي
Before	قبل
Calendar	تقويم
Century	قرن
Day	يوم
Decade	العقد
Early	مبكرا
Future	مستقبل
Hour	ساعة
Minute	دقيقة
Month	شهر
Morning	صباح
Night	الليل
Noon	وقت الظهيرة
Now	الآن
Soon	قريبا
Today	اليوم
Week	أسبوع
Year	سنة
Yesterday	أمس

To Fill
للتعبئة

Bag	كيس
Barrel	برميل
Basin	حوض
Basket	سلة
Bottle	زجاجة
Box	علبة
Bucket	دلو
Carton	كرتون
Crate	قفص
Drawer	الدرج
Envelope	مغلف
Folder	مجلد
Jar	جرة
Packet	حزمة
Pocket	جيب
Suitcase	حقيبة سفر
Tray	صينية
Tube	أنبوب
Vase	زهرية
Vessel	وعاء

Town
مدينة

Airport	مطار
Bakery	مخبز
Bank	بنك
Cinema	سينما
Clinic	عيادة
Florist	منسق زهور
Gallery	معرض
Hotel	فندق
Library	مكتبة
Market	سوق
Museum	متحف
Pharmacy	صيدلية
Restaurant	مطعم
School	مدرسة
Stadium	ملعب
Store	خزن
Supermarket	سوبر ماركت
Theater	مسرح
University	جامعة
Zoo	حديقة حيوان

Toys
ألعاب

Airplane	طائرة
Ball	كرة
Bicycle	دراجة
Boat	قارب
Books	الكتب
Car	سيارة
Chess	شطرنج
Clay	طين
Crafts	الحرف
Doll	دمية
Drums	الطبول
Favorite	مفضل
Games	ألعاب
Imagination	خيال
Kite	طائرة ورقية
Paints	الدهانات
Puzzle	لغز
Robot	روبوت
Train	قطار
Truck	شاحنة

Vacation #2
عطلة #2

Airport	مطار
Beach	شاطئ
Camping	تخييم
Destination	وجهة
Foreigner	أجنبي
Holiday	عطلة
Hotel	فندق
Island	جزيرة
Journey	رحلة
Leisure	الترفيه
Map	خريطة
Mountains	الجبال
Passport	جواز سفر
Restaurant	مطعم
Sea	بحر
Taxi	تاكسي
Tent	خيمة
Train	قطار
Transportation	النقل
Visa	تأشيرة

Vegetables
خضروات

Artichoke	خرشوف
Broccoli	بروكلي
Carrot	جزر
Cauliflower	قرنبيط
Celery	كرفس
Cucumber	خيار
Eggplant	باذنجان
Garlic	ثوم
Ginger	زنجبيل
Mushroom	فطر
Onion	بصل
Parsley	بقدونس
Pea	بازلاء
Pumpkin	يقطين
Radish	فجل
Salad	سلطة
Shallot	الكراث
Spinach	سبانخ
Tomato	طماطم
Turnip	لفت

Vehicles
المركبات

Airplane	طائرة
Ambulance	سيارة إسعاف
Bicycle	دراجة
Boat	قارب
Bus	حافلة
Car	سيارة
Caravan	قافلة
Ferry	العبارة
Helicopter	هليكوبتر
Motor	محرك
Raft	طوف
Rocket	صاروخ
Scooter	سكوتر
Shuttle	المكوك
Submarine	غواصة
Subway	مترو
Taxi	تاكسي
Tires	الإطارات
Tractor	جرار
Truck	شاحنة

Virtues #1		*Visual Arts*		*Water*	
	الفضائل #1		الفنون البصرية		الماء
Artistic	فني	Architecture	هندسة معمارية	Canal	قناة
Charming	ساحر	Artist	فنان	Damp	رطب
Clean	نظيف	Chalk	طباشير	Evaporation	تبخر
Curious	فضولي	Charcoal	فحم	Flood	فيضان
Decisive	حاسم	Clay	طين	Frost	صقيع
Efficient	فعالة	Composition	تكوين	Geyser	سخان
Funny	مضحك	Creativity	الإبداع	Hurricane	إعصار
Generous	كريم	Easel	حامل	Ice	جليد
Good	حسن	Film	فيلم	Irrigation	الري
Helpful	مفيد	Masterpiece	تحفة	Lake	بحيرة
Imaginative	الخيال	Painting	اللوحة	Moisture	رطوبة
Independent	مستقل	Pen	قلم	Ocean	محيط
Intelligent	ذكي	Perspective	منظور	Rain	مطر
Modest	متواضع	Portrait	صورة	River	نهر
Passionate	عاطفي	Pottery	الفخار	Shower	دش
Patient	صبور	Sculpture	النحت	Snow	ثلج
Practical	عملي	Varnish	ورنيش	Soaked	غارقة
Reliable	موثوق بها	Wax	الشمع	Steam	بخار
Wise	حكيم			Waves	أمواج

Weather	
	الطقس
Atmosphere	الغلاف الجوي
Breeze	نسيم
Calm	هدوء
Climate	مناخ
Cloud	سحابة
Drought	جفاف
Dry	جاف
Flood	فيضان
Fog	الضباب
Ice	جليد
Lightning	برق
Polar	قطبي
Rainbow	قوس قزح
Sky	سماء
Storm	عاصفة
Temperature	درجة الحرارة
Thunder	الرعد
Tornado	إعصار
Tropical	استوائي
Wind	ريح

Congratulations

You made it!

We hope you enjoyed this book as much as we enjoyed making it. We do our best to make high quality games.
These puzzles are designed in a clever way for you to learn actively while having fun!

Did you love them?

A Simple Request

Our books exist thanks your reviews. Could you help us by leaving one now?

Here is a short link which will take you to your order review page:

BestBooksActivity.com/Review50

MONSTER CHALLENGE!

Challenge #1

Ready for Your Bonus Game? We use them all the time but they are not so easy to find. Here are **Synonyms**!

Note 5 words you discovered in each of the Puzzles noted below (#21, #36, #76) and try to find 2 synonyms for each word.

Note 5 Words from **Puzzle 21**

Words	Synonym 1	Synonym 2

Note 5 Words from **Puzzle 36**

Words	Synonym 1	Synonym 2

Note 5 Words from **Puzzle 76**

Words	Synonym 1	Synonym 2

Challenge #2

Now that you are warmed-up, note 5 words you discovered in each Puzzle noted below (#9, #17, #25) and try to find 2 antonyms for each word. How many lines can you do in 20 minutes?

*Note 5 Words from **Puzzle 9***

Words	Antonym 1	Antonym 2

*Note 5 Words from **Puzzle 17***

Words	Antonym 1	Antonym 2

*Note 5 Words from **Puzzle 25***

Words	Antonym 1	Antonym 2

Challenge #3

Wonderful, this monster challenge is nothing to you!

Ready for the last one? Choose your 10 favorite words discovered in any of the Puzzles and note them below.

1.	6.
2.	7.
3.	8.
4.	9.
5.	10.

Now, using these words and within a maximum of six sentences, your challenge is to compose a text about a person, animal or place that you love!

Tip: You can use the last blank page of this book as a draft!

Your Writing:

Explore a Unique Store Set Up **FOR YOU!**

BestActivityBooks.com/**TheStore**

Designed for Entertainment!

Light Up Your Brain With Unique **Gift Ideas**.

Access **Surprising** And **Essential Supplies!**

CHECK OUT OUR MONTHLY SELECTION NOW!

- **Expertly Crafted Products** -

NOTEBOOK:

SEE YOU SOON!

Linguas Classics Team

www.ingramcontent.com/pod-product-compliance
Lightning Source LLC
LaVergne TN
LVHW060314080526
838202LV00053B/4331
* 9 7 8 2 4 9 1 7 9 2 3 5 0 *